PRÉFACE

La collection de guides de conversation "Tout ira bien!", publié par T&P Books, est conçue pour les gens qui voyagent par affaire ou par plaisir. Les guides de conversations contiennent le plus important - l'essentiel pour la communication de base. Il s'agit d'une série indispensable de phrases pour survivre à l'étranger.

Ce guide de conversation vous aidera dans la plupart des cas où vous devez demander quelque chose, trouver une direction, découvrir le prix d'un souvenir, etc. Il peut aussi résoudre des situations de communication difficile lorsque la gesticulation n'aide pas.

Le livre contient beaucoup de phrases qui ont été groupées par thèmes. Vous trouverez aussi un vocabulaire des 3000 mots les plus couramment utilisés. Une autre section du guide contient un glossaire gastronomique qui peut être utile lorsque vous faites le marché ou commandez des plats au restaurant.

Emmenez avec vous un guide de conversation "Tout ira bien!" sur la route et vous aurez un compagnon de voyage irremplaçable qui vous aidera à vous sortir de toutes les situations et vous enseignera à ne pas avoir peur de parler aux étrangers.

TABLE DES MATIÈRES

T&P Books Publishing

Collection de guides de conversation
"Tout ira bien!"

T&P Books Publishing

GUIDE DE CONVERSATION

TADJIK

Par Andrey Taranov

LES PHRASES LES PLUS UTILES

Ce guide de conversation
contient les phrases et
les questions les plus
communes et nécessaires
pour communiquer avec
des étrangers

T&P BOOKS

Guide de conversation + dictionnaire de 3000 mots

Guide de conversation Français-Tadjik et vocabulaire thématique de 3000 mots

Par Andrey Taranov

La collection de guides de conversation "Tout ira bien!", publiée par T&P Books, est conçue pour les gens qui voyagent par affaire ou par plaisir. Les guides contiennent l'essentiel pour la communication de base. Il s'agit d'une série indispensable de phrases pour "survivre" à l'étranger.

Ce livre inclut un dictionnaire thématique qui contient près de 3000 des mots les plus fréquemment utilisés. Une autre section du guide contient un glossaire gastronomique qui peut être utile lorsque vous faites le marché ou commandez des plats au restaurant.

T&P Books Publishing
www.tpbooks.com

ISBN: 978-1-78616-789-7

Ce livre existe également en format électronique.
Pour plus d'informations, veuillez consulter notre site: www.tpbooks.com
ou rendez-vous sur ceux des grandes librairies en ligne.

PRONONCIATION

Lettre	Exemple en tadjik	Alphabet phonétique T&P	Exemple en français
А а	Раҳмат!	[a]	classe
Б б	бесоҳиб	[b]	bureau
В в	вафодорӣ	[v]	rivière
Г г	гулмохӣ	[g]	gris
Ғ ғ	мургобӣ	[ʁ]	R vibrante
Д д	мадд	[d]	document
Е е	телескоп	[e:]	aller
Ё ё	сайёра	[jɔ]	pavillon
Ж ж	аждаҳо	[ʒ]	jeunesse
З з	сӯзанда	[z]	gazeuse
И и	шифт	[i]	stylo
Ӣ ӣ	обчакорӣ	[i:]	industrie
Й й	хайкал	[j]	maillot
К к	коргардон	[k]	bocal
Қ қ	нуқта	[q]	cadeau
Л л	пилла	[l]	vélo
М м	мусиқачӣ	[m]	minéral
Н н	нонвой	[n]	ananas
О о	посбон	[o:]	tableau
П п	папка	[p]	panama
Р р	чарогак	[r]	racine, rouge
С с	суръат	[s]	syndicat
Т т	тарқиш	[t]	tennis
У у	муҳаррик	[u]	boulevard
Ӯ ӯ	кӯшк	[œ]	neuf
Ф ф	фурӯш	[f]	formule
Х х	хушксолӣ	[x]	scots - nicht, allemand - Dach
Ҳ ҳ	чарогоҳ	[h]	[h] aspiré
Ч ч	чароғ	[ʧ]	match
Ҷ ҷ	ҷанҷол	[dʒ]	adjoint
Ш ш	нашриёт	[ʃ]	chariot
Ъ ъ [1]	таърихдон	[:], [ˀ]	muet
Э э	эҳтимолӣ	[ɛ]	faire
Ю ю	ионоӣ	[ju]	voyou
Я я	яхбурча	[ja]	caviar

5

Remarques

[1] [:] - Allonge la voyelle précédente; ['] - Après consonnes est utilisé comme un «signe dur»

LISTE DES ABRÉVIATIONS

Abréviations en français

adj	-	adjective
adv	-	adverbe
anim.	-	animé
conj	-	conjonction
dénombr.	-	dénombrable
etc.	-	et cetera
f	-	nom féminin
f pl	-	féminin pluriel
fam.	-	familiar
fem.	-	féminin
form.	-	formal
inanim.	-	inanimé
indénombr.	-	indénombrable
m	-	nom masculin
m pl	-	masculin pluriel
m, f	-	masculin, féminin
masc.	-	masculin
math	-	mathematics
mil.	-	militaire
pl	-	pluriel
prep	-	préposition
pron	-	pronom
qch	-	quelque chose
qn	-	quelqu'un
sing.	-	singulier
v aux	-	verbe auxiliaire
v imp	-	verbe impersonnel
vi	-	verbe intransitif
vi, vt	-	verbe intransitif, transitif
vp	-	verbe pronominal
vt	-	verbe transitif

GUIDE DE
CONVERSATION
TADJIK

Cette section contient
des phrases importantes
qui peuvent être utiles dans
des situations courantes.
Le guide vous aidera
à demander des directions,
clarifier le prix, acheter
des billets et commander
des plats au restaurant

T&P Books Publishing

CONTENU DU GUIDE DE CONVERSATION

T&P Books Publishing

Excusez-moi, ...	**Бубахшед, ...** [bubaxʃed, ...]
Bonjour	**Салом.** [salom]
Merci	**Ташаккур.** [taʃakkur]
Au revoir	**То дидан.** [to didan]
Oui	**Ҳа.** [ha]
Non	**Не.** [ne]
Je ne sais pas.	**Ман намедонам.** [man namedonam]
Où? | Où? | Quand?	**Дар кучо? | Ба кучо? | Кай?** [dar kudʒo? | ba kudʒo? | kaj?]

J'ai besoin de ...	**Ба ман ... даркор аст.** [ba man ... darkor ast]
Je veux ...	**Ман ... мехоҳам.** [man ... mexoham]
Avez-vous ... ?	**Шумо ... доред?** [ʃumo ... dored?]
Est-ce qu'il y a ... ici?	**Дар ин чо ... ҳаст?** [dar in dʒo ... hast?]
Puis-je ... ?	**... метавонам?** [... metavonam?]
s'il vous plaît (pour une demande)	**Илтимос** [iltimos]

Je cherche ...	**Ман ... мекобам.** [man ... mekobam]
les toilettes	**хочатхона** [xodʒatxona]
un distributeur	**худпардоз** [xudpardoz]
une pharmacie	**дорухона** [doruxona]
l'hôpital	**беморхона** [bemorxona]
le commissariat de police	**идораи пулис** [idorai pulis]
une station de métro	**метро** [metro]

un taxi	**такси** [taksi]
la gare	**вокзал** [vokzal]

Je m'appelle …	**Номи ман …** [nomi man …]
Comment vous appelez-vous?	**Номи шумо чӣ?** [nomi ʃumo tʃiː?]
Aidez-moi, s'il vous plaît.	**Илтимос, ба ман ёрӣ диҳед.** [iltimos, ba man jori: dihed]
J'ai un problème.	**Ман мушкилӣ дорам.** [man muʃkili: doram]
Je ne me sens pas bien.	**Худамро бад ҳис мекунам.** [χudamro bad his mekunam]
Appelez une ambulance!	**Ба ёрии таъҷилӣ занг занед!** [ba jorii ta'dʒili: zang zaned!]
Puis-je faire un appel?	**Мумкин занг занам?** [mumkin zang zanam?]

Excusez-moi.	**Бубахшед** [bubaχʃed]
Je vous en prie.	**Намеарзад** [namearzad]

je, moi	**ман** [man]
tu, toi	**ту** [tu]
il	**ӯ, вай** [œ, vaj]
elle	**ӯ, вай** [œ, vaj]
ils	**онҳо** [onho]
elles	**онҳо** [onho]
nous	**мо** [mo]
vous	**шумо** [ʃumo̦]
Vous	**Шумо** [ʃumo]

ENTRÉE	**ДАРОМАДГОҲ** [daromadgoh]
SORTIE	**БАРОМАДГОҲ** [baromadqo̦h]
HORS SERVICE | EN PANNE	**КОР НАМЕКУНАД** [kor namekunad]
FERMÉ	**ПӮШИДА** [pœʃida]

OUVERT	**КУШОДА** [kuʃoda]
POUR LES FEMMES	**БАРОИ ЗАНОН** [baroi zanon]
POUR LES HOMMES	**БАРОИ МАРДОН** [baroi mardon]

Questions

Où? (lieu)	**Дар кучо?** [dar kudʒo?]
Où? (direction)	**Ба кучо?** [ba kudʒo?]
D'où?	**Аз кучо?** [az kudʒo?]
Pourquoi?	**Барои чй?** [baroi tʃi:?]
Pour quelle raison?	**Чаро?** [tʃaro?]
Quand?	**Кай?** [kaj?]
Combien de temps?	**То кай?** [to kaj?]
À quelle heure?	**Дар соати чанд?** [dar soati tʃand?]
C'est combien?	**Чанд пул?** [tʃand pul?]
Avez-vous … ?	**Шумо … доред?** [ʃumo … dored?]
Où est …, s'il vous plaît?	**… дар кучо?** [… dar kudʒo?]
Quelle heure est-il?	**Соат чанд?** [soat tʃand?]
Puis-je faire un appel?	**Мумкин занг занам?** [mumkin zang zanam?]
Qui est là?	**Кй?** [ki:?]
Puis-je fumer ici?	**Дар ин чо сигор кашида метавонам?** [dar in dʒo sigor kaʃida metavonam?]
Puis-je …?	**… метавонам?** [… metavonam?]

Besoins

Je voudrais ...
Ман ... мехостам.
[man ... meχostam]

Je ne veux pas ...
... намехоҳам.
[... nameχoham]

J'ai soif.
Ман нӯшидан мехоҳам.
[man nœʃidan meχoham]

Je veux dormir.
Ман хоб дорам.
[man χob doram]

Je veux ...
Ман ... мехоҳам.
[man ... meχoham]

me laver
шустушӯ кардан
[ʃustuʃœ kardan]

brosser mes dents
дандон шустан
[dandon ʃustan]

me reposer un instant
каме дам гирифтан
[kame dam giriftan]

changer de vêtements
либосамро иваз кардан
[libosamro ivaz kardan]

retourner à l'hôtel
ба меҳмонхона баргаштан
[ba mehmonχona bargaʃtan]

acheter ...
... харидан
[... χaridan]

aller à ...
ба ... рафтан
[ba ... raftan]

visiter ...
ба ... боздид кардан
[ba ... bozdid kardan]

rencontrer ...
вохӯрдан бо ...
[voχœrdan bo ...]

faire un appel
занг задан
[zang zadan]

Je suis fatigué /fatiguée/
Хаста шудам.
[χasta ʃudam]

Nous sommes fatigués /fatiguées/
Хаста шудем.
[χasta ʃudem]

J'ai froid.
Хунук мехӯрам.
[χunuk meχœram]

J'ai chaud.
Тафсидам.
[tafsidam]

Je suis bien.
Барои ман хуб.
[baroi man χub]

Il me faut faire un appel.

Ман бояд занг занам.
[man bojad zang zanam]

J'ai besoin d'aller aux toilettes.

Бояд ба хоҷатхона равам.
[bojad ba hoʤatχona ravam]

Il faut que j'aille.

Бояд равам.
[bojad ravam]

Je dois partir maintenant.

Ба ман рафтан лозим аст.
[ba man raftan lozim ast]

Comment demander la direction

Excusez-moi, ...

Бубахшед, ...
[bubaxʃed, ...]

Où est ..., s'il vous plaît?

... дар кучо?
[... dar kudʒo?]

Dans quelle direction est ... ?

... дар кадом самт аст?
[... dar kadom samt ast?]

Pouvez-vous m'aider, s'il vous plaît ?

Илтимос, ба ман ёрй диҳед.
[iltimos, ba man jori: diħed]

Je cherche ...

Ман ... мекобам.
[man ... mekobam]

La sortie, s'il vous plaît?

Ман баромадгоҳ мекобам.
[man baromadgoh mekobam]

Je vais à ...

Ман ба ... меравам.
[man ba ... meravam]

C'est la bonne direction pour ...?

Ман ба ... дуруст меравам?
[man ba ... durust meravam?]

C'est loin?

Ин дур аст?
[in dur ast?]

Est-ce que je peux y aller à pied?

Ба ончо пиёда рафта метавонам?
[ba ondʒo pijoda rafta metavonam?]

Pouvez-vous me le montrer sur la carte?

Илтимос, дар харита нишон диҳед.
[iltimos, dar χarita niʃon dihed]

Montrez-moi où sommes-nous,
s'il vous plaît.

**Нишон диҳед, ки ҳоло мо дар
кучо ҳастем.**
[niʃon dihed, ki holo mo dar
kudʒo hastem]

Ici

Ин чо
[in dʒo]

Là-bas

Он чо
[on dʒo]

Par ici

Ба ин чо
[ba in dʒo]

Tournez à droite.

Ба дасти рост гардед.
[ba dasti rost garded]

Tournez à gauche.

Ба дасти чап гардед.
[ba dasti tʃap garded]

Prenez la première
(deuxième, troisième) rue.

гардиши якум (дуюм, сеюм)
[gardiʃi jakum (dujum, sejum)]

à droite

Ба дасти рост
[ba dasti rost]

à gauche

Ба дасти чап
[ba dasti tʃap]

Continuez tout droit.

Рост равед.
[rost raved]

Affiches, Pancartes

BIENVENUE!	**ХУШ ОМАДЕД!** [χuʃ omaded!]
ENTRÉE	**ДАРОМАДГОҲ** [daromadgoh]
SORTIE	**БАРОМАДГОҲ** [baromadgoh]

POUSSEZ	**АЗ ХУД** [az χud]
TIREZ	**БА ХУД** [ba χud]
OUVERT	**КУШОДА** [kuʃoda]
FERMÉ	**ПӮШИДА** [pœʃida]

POUR LES FEMMES	**БАРОИ ЗАНОН** [baroi zanon]
POUR LES HOMMES	**БАРОИ МАРДОН** [baroi mardon]
MESSIEURS (m)	**ҲОҶАТХОНАИ МАРДОНА** [hodʒatχonai mardona]
FEMMES (f)	**ҲОҶАТХОНАИ ЗАНОНА** [hodʒatχonai zanona]

RABAIS | SOLDES	**ТАХФИФ** [taχfif]
PROMOTION	**ҲАРОҶ** [harodʒ]
GRATUIT	**РОЙГОН** [rojgon]
NOUVEAU!	**НАВБАРОМАД!** [navbaromad!]
ATTENTION!	**ДИҚҚАТ!** [diqqat!]

COMPLET	**ҶОЙ НЕСТ** [dʒoj nest]
RÉSERVÉ	**БАНД АСТ** [band ast]
ADMINISTRATION	**МАЪМУРИЯТ** [ma'murijat]
PERSONNEL SEULEMENT	**ТАНҲО БАРОИ ҲАЙАТ** [tanho baroi hajat]

ATTENTION AU CHIEN!

САГИ ГАЗАНДА
[sagi gazanda]

NE PAS FUMER!

СИГОР НАКАШЕД!
[sigor nakaʃed!]

NE PAS TOUCHER!

ЛАМС НАКУНЕД!
[lams nakuned!]

DANGEREUX

ХАТАРНОК
[χatarnok]

DANGER

ХАТАР
[χatar]

HAUTE TENSION

ШИДДАТИ БАЛАНД
[ʃiddati baland]

BAIGNADE INTERDITE!

ОББОЗӢ МАНЪ АСТ
[obbozi: man' ast]

HORS SERVICE | EN PANNE

КОР НАМЕКУНАД
[kor namekunad]

INFLAMMABLE

ОТАШАНГЕЗ
[otaʃangez]

INTERDIT

МАНЪ АСТ
[man' ast]

ENTRÉE INTERDITE!

ГУЗАШТАН МАНЪ АСТ
[guzaʃtan man' ast]

PEINTURE FRAÎCHE

РАНГ КАРДА ШУДААСТ
[rang karda ʃudaast]

FERMÉ POUR TRAVAUX

ПӮШИДА, ТАЪМИР МЕРАВАД
[pœʃida, ta'mir meravad]

TRAVAUX EN COURS

ТАЪМИРИ РОҲ
[ta'miri roh]

DÉVIATION

РОҲИ ДАВРОДАВР
[rohi davrodavr]

Transport - Phrases générales

avion	**тайёра** [tajjora]
train	**қатор** [qator]
bus, autobus	**автобус** [avtobus]
ferry	**паром** [parom]
taxi	**такси** [taksi]
voiture	**мошин** [moʃin]
horaire	**ҷадвал** [dʒadval]
Où puis-je voir l'horaire?	**Ҷадвалро дар куҷо дидан мумкин?** [dʒadvalro dar kudʒo didan mumkin?]
jours ouvrables	**рӯзҳои корӣ** [rœzhoi kori:]
jours non ouvrables	**рӯзҳои истироҳат** [rœzhoi istirohat]
jours fériés	**рӯзҳои идона** [rœzhoi idona]
DÉPART	**ХУРУҶ** [χurudʒ]
ARRIVÉE	**ВУРУД** [vurud]
RETARDÉE	**ТАЪХИР ДОРАД** [ta'χir dorad]
ANNULÉE	**ЛАҒВ ШУД** [laǧv ʃud]
prochain (train, etc.)	**навбатӣ** [navbati:]
premier	**якум** [jakum]
dernier	**охирон** [oχiron]
À quelle heure est le prochain ...?	**... навбатӣ кай меояд?** [... navbati: kaj meojad?]
À quelle heure est le premier ...?	**... якум кай меравад?** [... jakum kaj meravad?]

À quelle heure est le dernier …?

… охирон кай меравад?
[… oχiron kaj meravad?]

correspondance

гузариш
[guzariʃ]

prendre la correspondance

буро-фуро кардан
[buro-furo kardan]

Dois-je prendre la correspondance?

Ба ман буро-фуро кардан лозим.
[ba man buro-furo kardan lozim]

Acheter un billet

Où puis-je acheter des billets?	**Чиптаҳоро аз кучо харида метавонам?** [tʃiptahoro az kudʒo χarida metavonam?]
billet	**чипта** [tʃipta]
acheter un billet	**чипта харидан** [tʃipta χaridan]
le prix d'un billet	**нархи чипта** [narχi tʃipta]
Pour aller où?	**Ба кучо?** [ba kudʒo?]
Quelle destination?	**То кадом истгоҳ?** [to kadom istgoh?]
Je voudrais ...	**Ба ман ... даркор аст.** [ba man ... darkor ast]
un billet	**як чипта** [jak tʃipta]
deux billets	**ду чипта** [du tʃipta]
trois billets	**се чипта** [se tʃipta]
aller simple	**ба як тараф** [ba jak taraf]
aller-retour	**ба ҳар ду тараф** [ba har du taraf]
première classe	**дараҷаи якум** [daradʒai jakum]
classe économique	**дараҷаи дуюм** [daradʒai dujum]
aujourd'hui	**имрӯз** [imrœz]
demain	**фардо** [fardo]
après-demain	**пасфардо** [pasfardo]
dans la matinée	**саҳарӣ** [sahari:]
l'après-midi	**рӯзона** [rœzona]
dans la soirée	**бегоҳӣ** [begohi:]

siège côté couloir

чойи назди гузаргоҳ
[dʒoji nazdi guzargoh]

siège côté fenêtre

чойи назди тиреза
[dʒoji nazdi tireza]

C'est combien?

Чанд-то?
[tʃand-to?]

Puis-je payer avec la carte?

Бо корт пардохтан мумкин?
[bo kort pardoχtan mumkin?]

L'autobus

bus, autobus	**автобус** [avtobus]
autocar	**автобуси байнишаҳрӣ** [avtobusi bajniʃahri:]
arrêt d'autobus	**истогоҳи автобус** [istogohi avtobus]
Où est l'arrêt d'autobus le plus proche?	**Наздиктарин истогоҳи автобус дар куҷо?** [nazdiktarin istogohi avtobus dar kudʒo?]

numéro	**рақам** [raqam]
Quel bus dois-je prendre pour aller à ...?	**Кадом автобус ба ... мебарад?** [kadom avtobus ba ... mebarad?]
Est-ce que ce bus va à ...?	**Ин автобус то ... мебарад?** [in avtobus to ... mebarad?]
L'autobus passe tous les combien?	**Автобусҳо зуд-зуд мегарданд?** [avtobusho zud-zud megardand?]

chaque quart d'heure	**ҳар понздаҳ дақиқа** [har ponzdah daqiqa]
chaque demi-heure	**ҳар ним соат** [har nim soat]
chaque heure	**ҳар соат** [har soat]

plusieurs fois par jour	**якчанд маротиба дар рӯз** [jaktʃand marotiba dar rœz]
... fois par jour	**... бор дар як рӯз.** [... bor dar jak rœz]

horaire	**ҷадвал** [dʒadval]
Où puis-je voir l'horaire?	**Ҷадвалро дар куҷо дидан мумкин?** [dʒadvalro dar kudʒo didan mumkin?]

À quelle heure passe le prochain bus?	**автобуси навбатй кай меояд?** [avtobusi navbati: kaj meojad?]
À quelle heure passe le premier bus?	**автобуси якум кай меравад?** [avtobusi jakum kaj meravad?]
À quelle heure passe le dernier bus?	**автобуси охирон кай меравад?** [avtobusi oxiron kaj meravad?]

arrêt	**истгоҳ** [istgoh]
prochain arrêt	**истгоҳи оянда** [istgohi ojanda]
terminus	**истгоҳи охир** [istgohi oxir]
Pouvez-vous arrêter ici, s'il vous plaît.	**Лутфан, дар ҳамин ҷо нигоҳ доред.** [lutfan, dar hamin dʒo nigoh dored]
Excusez-moi, c'est mon arrêt.	**Иҷозат диҳед, ин истгоҳи ман аст.** [idʒozat dihed, in istgohi man ast]

Train

train	**қатор** [qator]
train de banlieue	**қатори наздишаҳрӣ** [qatori nazdiʃahri:]
train de grande ligne	**қатори дуррав** [qatori durrav]
la gare	**вокзал** [vokzal]
Excusez-moi, où est la sortie vers les quais?	**Бубахшед, баромадгоҳ ба назди қаторҳо дар куҷо?** [bubaxʃed, baromadgoh ba nazdi qatorho dar kuʤo?]

Est-ce que ce train va à ...?	**Ин қатор то ... мебарад?** [in qator to ... mebarad?]
le prochain train	**қатори навбатӣ** [qatori navbati:]
À quelle heure est le prochain train?	**Қатори навбатӣ кай меояд?** [qatori navbati: kaj meojad?]
Où puis-je voir l'horaire?	**Ҷадвалро дар куҷо дидан мумкин?** [ʤadvalro dar kuʤo didan mumkin?]
De quel quai?	**Аз кадом платформа?** [az kadom platforma?]
À quelle heure arrive le train à ...?	**Қатор ба ... кай мерасад?** [qator ba ... kaj merasad?]

Pouvez-vous m'aider, s'il vous plaît?	**Илтимос, ба ман ёрӣ диҳед.** [iltimos, ba man jori: dihed]
Je cherche ma place.	**Ман ҷоямро мекобам.** [man ʤojamro mekobam]
Nous cherchons nos places.	**Мо ҷойҳоямонро меҷӯем.** [mo ʤojhojamonro meʤœem]
Ma place est occupée.	**Ҷойи ман банд аст.** [ʤoji man band ast]
Nos places sont occupées.	**Ҷойҳои мо бананд.** [ʤojhoi mo bandand]

Excusez-moi, mais c'est ma place.	**Бубахшед, лекин ин ҷойи ман аст.** [bubaxʃed, lekin in ʤoji man ast.]
Est-ce que cette place est libre?	**Ин ҷой озод аст?** [in ʤoj ozod ast?]
Puis-je m'asseoir ici?	**Ба ин ҷо шиштан мумкин?** [ba in ʤo ʃiʃtan mumkin?]

Sur le train - Dialogue (Pas de billet)

Votre billet, s'il vous plaît.	**Лутфан, чиптаи шумо.** [lutfan, tʃiptai ʃumo]
Je n'ai pas de billet.	**Ман чипта надорам.** [man tʃipta nadoram]
J'ai perdu mon billet.	**Ман чиптаамро гум кардам.** [man tʃiptaamro gum kardam]
J'ai oublié mon billet à la maison.	**Ман чиптаамро дар хона мондам.** [man tʃiptaamro dar χona mondam]

Vous pouvez m'acheter un billet.	**Шумо аз ман чипта харида метавонед.** [ʃumo az man tʃipta χarida metavoned]
Vous devrez aussi payer une amende.	**Боз шумо бояд чарима супоред.** [boz ʃumo bojad dʒarima supored]
D'accord.	**Хуб.** [χub]
Où allez-vous?	**Шумо ба кучо сафар доред?** [ʃumo ba kudʒo safar dored?]
Je vais à …	**Ман то … меравам.** [man to … meravam]

Combien? Je ne comprend pas.	**Чанд? Ман намефаҳмам.** [tʃand? man namefahmam]
Pouvez-vous l'écrire, s'il vous plaît.	**Илтимос, нависед.** [iltimos, navised]
D'accord. Puis-je payer avec la carte?	**Хуб. Бо корт пардохт карда метавонам?** [χub. bo kort pardoχt karda metavonam?]
Oui, bien sûr.	**Бале, метавонед.** [bale, metavoned]

Voici votre reçu.	**Ана квитансияи шумо.** [ana kvitansijai ʃumo]
Désolé pour l'amende.	**Барои чарима афсӯс мехӯрам.** [baroi dʒarima afsœs meχœram]
Ça va. C'est de ma faute.	**Ҳеҷ гап не. Айби худам.** [hedʒ gap ne. ajbi χudam]
Bon voyage.	**Роҳи сафед.** [ɾʊhl safed]

Taxi

taxi	такси [taksi]
chauffeur de taxi	ронандаи такси, таксичй [ronandai taksi, taksitʃi:]
prendre un taxi	такси гирифтан [taksi giriftan]
arrêt de taxi	истгоҳи такси [istgohi taksi]
Où puis-je trouver un taxi?	Дар кучо такси ёфта метавонам? [dar kudʒo taksi jofta metavonam?]

appeler un taxi	такси фармудан [taksi farmudan]
Il me faut un taxi.	Ба ман такси даркор аст. [ba man taksi darkor ast]
maintenant	Худи ҳозир. [χudi hozir]
Quelle est votre adresse?	Нишонии шумо? [niʃonii ʃumo?]
Mon adresse est ...	Нишонии ман ... [niʃonii man ...]
Votre destination?	Ба кучо меравед? [ba kudʒo meraved?]

Excusez-moi, ...	Бубахшед, ... [bubaχʃed, ...]
Vous êtes libre ?	Шумо озод? [ʃumo ozod?]
Combien ça coûte pour aller à ...?	То ба ... чанд пул мешавад? [to ba ... tʃand pul meʃavad?]
Vous savez où ça se trouve?	Шумо дар кучо буданашро медонед? [ʃumo dar kudʒo budanaʃro medoned?]

À l'aéroport, s'il vous plaît.	Ба фурудгоҳ, хоҳиш мекунам. [ba furudgoh, χohiʃ mekunam]
Arrêtez ici, s'il vous plaît.	Лутфан, дар ҳамин чо нигоҳ доред. [lutfan, dar hamin dʒo nigoh dored]
Ce n'est pas ici.	Дар ин чо не. [dar in dʒo ne]
C'est la mauvaise adresse.	Ин нишонии ғалат аст. [in niʃonii ğalat ast]

tournez à gauche

Χοло ба чап.
[holo ba tʃap]

tournez à droite

Χοло ба рост.
[holo ba rost]

Combien je vous dois?

Чанд пул бояд диҳам?
[tʃand pul bojad diham?]

J'aimerais avoir un reçu, s'il vous plaît.

Лутфан, ба ман чек диҳед.
[lutfan, ba man tʃek dihed]

Gardez la monnaie.

Бақия лозим нест.
[baqija lozim nest]

Attendez-moi, s'il vous plaît ...

Лутфан, маро мунтазир шавед.
[lutfan, maro muntazir ʃaved]

cinq minutes

панҷ дақиқа
[pandʒ daqiqa]

dix minutes

даҳ дақиқа
[dah daqiqa]

quinze minutes

понздаҳ дақиқа
[ponzdah daqiqa]

vingt minutes

бист дақиқа
[bist daqiqa]

une demi-heure

ним соат
[nim soat]

Hôtel

Bonjour.	**Салом.** [salom]
Je m'appelle …	**Номи ман …** [nomi man …]
J'ai réservé une chambre.	**Утоқеро резерв кардам.** [utoqero rezerv kardam]
Je voudrais …	**Ба ман … даркор аст.** [ba man … darkor ast]
une chambre simple	**утоқи якнафара** [utoqi jaknafara]
une chambre double	**утоқи дунафара** [utoqi dunafara]
C'est combien?	**Он чанд пул аст?** [on tʃand pul ast?]
C'est un peu cher.	**Ин каме қимат аст.** [in kame qimat ast]
Avez-vous autre chose?	**Шумо боз ягон чизи дигар доред?** [ʃumo boz jagon tʃizi digar dored?]
Je vais la prendre.	**Ман онро мегирам.** [man onro megiram]
Je vais payer comptant.	**Ман пули нақд медиҳам.** [man puli naqd mediham]
J'ai un problème.	**Ман мушкилӣ дорам.** [man muʃkili: doram]
Mon … est cassé /Ma … est cassée/	**… ман шикастагӣ.** [… man ʃikastagi:]
Mon /Ma/ … ne fonctionne pas.	**… ман кор намекунад.** [… man kor namekunad]
télé	**телевизор** [televizor]
air conditionné	**кондитсионер** [konditsioner]
robinet	**кран** [kran]
douche	**душ** [duʃ]
évier	**дастшӯяк** [dastʃœjak]
coffre-fort	**сейф** [sejf]

serrure de porte	**қуфл** [qufl]
prise électrique	**розетка** [rozetka]
sèche-cheveux	**фен** [fen]

Je n'ai pas ...	**Ман ... надорам.** [man ... nadoram]
d'eau	**об** [ob]
de lumière	**нури чароғ** [nuri tʃaroğ]
d'électricité	**барқ** [barq]

Pouvez-vous me donner ...?	**Ба ман ... дода метавонед?** [ba man ... doda metavoned?]
une serviette	**дастрӯймол** [dastrœjmol]
une couverture	**кӯрпа** [kœrpa]
des pantoufles	**шиппак** [ʃippak]
une robe de chambre	**халат** [χalat]
du shampoing	**шампун** [ʃampun]
du savon	**собун** [sobun]

Je voudrais changer ma chambre.	**Утоқамро иваз кардан мехостам.** [utoqamro ivaz kardan meχostam]
Je ne trouve pas ma clé.	**Ман калидамро ёфта наметавонам.** [man kalidamro jofta nametavonam]
Pourriez-vous ouvrir ma chambre, s'il vous plaît?	**Илтимос, утоқи маро кушоед.** [iltimos, utoqi maro kuʃoed]
Qui est là?	**Кӣ?** [ki:?]
Entrez!	**Дароед!** [daroed!]
Une minute!	**Як дақиқа!** [jak daqiqa!]
Pas maintenant, s'il vous plaît.	**Илтимос, ҳозир не.** [iltimos, hozir ne]

Pouvez-vous venir à ma chambre, s'il vous plaît.	**Марҳамат, ба утоқи ман дароед.** [marhamat, ba utoqi man daroeu]
J'aimerais avoir le service d'étage.	**Мехоҳам бифармоям, ки хӯрокро ба утоқам биёранд.** [meχoham bifarmojam, ki χœrokro ba utoqam bijorand]

Mon numéro de chambre est le ...	**Рақами утоқи ман ...**
	[raqami utoqi man ...]
Je pars ...	**... ман аз ин ҷо меравам.**
	[... man az in dʒo meravam]
Nous partons ...	**... мо аз ин ҷо меравем.**
	[... mo az in dʒo meravem]
maintenant	**ҳозир**
	[hozir]
cet après-midi	**имрӯз, пас аз хӯроки нисфирӯзӣ**
	[imrœz, pas az xœroki nisfirœzi:]
ce soir	**имрӯз бегоҳӣ**
	[imrœz begohi:]
demain	**фардо**
	[fardo]
demain matin	**субҳи фардо**
	[subhi fardo]
demain après-midi	**шоми фардо**
	[ʃomi fardo]
après-demain	**пасфардо**
	[pasfardo]

Je voudrais régler mon compte.	**Аз ман чанд пул?**
	[az man tʃand pul?]
Tout était merveilleux.	**Ҳамааш олӣ буд.**
	[hamaaʃ oli: bud]
Où puis-je trouver un taxi?	**Дар кучо такси ёфта метавонам?**
	[dar kudʒo taksi jofta metavonam?]
Pourriez-vous m'appeler un taxi, s'il vous plaît?	**Илтимос, ба ман такси фармоед.**
	[iltimos, ba man taksi farmoed]

Restaurant

Puis-je voir le menu, s'il vous plaît?	Менюи шуморо дидан мумкин? [menjui ʃumoro didan mumkin?]
Une table pour une personne.	Миз барои як кас. [miz baroi jak kas]
Nous sommes deux (trois, quatre).	Мо ду (се, чор) кас. [mo du (se, tʃor) kas]

Fumeurs	Барои сигор мекашидагихо [baroi sigor mekaʃidagiho]
Non-fumeurs	Барои сигор намекашидагихо [baroi sigor namekaʃidagiho]
S'il vous plaît!	Лутфан! [lutfan!]
menu	меню, номгӯйи хӯрокхо [menju, nomgœji χœrokho]
carte des vins	корти майхо [korti majho]
Le menu, s'il vous plaît.	Меню, лутфан. [menju, lutfan]

Êtes-vous prêts à commander?	Шумо ба фармоиш додан омода хастед? [ʃumo ba farmoiʃ dodan omoda hasted?]
Qu'allez-vous prendre?	Чи мефармоед? [tʃi: mefarmoed?]
Je vais prendre …	Ба ман … биёред. [ba man … bijored]

Je suis végétarien.	Ман гиёхҳӯр хастам. [man gijohχœr hastam]
viande	гӯшт [gœʃt]
poisson	моҳй [mohi:]
légumes	сабзавот [sabzavot]

Avez-vous des plats végétariens?	Шумо хӯрокхои бегӯшт доред? [ʃumo χœrokhoi begœʃt dored?]
Je ne mange pas de porc.	Ман гӯшти хук намехӯрам. [man gœʃti χuk nameχœram]
Il /elle/ ne mange pas de viande.	Ӯ гӯшт намехӯрад. [œ gœʃt nameχœrad]

Je suis allergique à ...	**Ман ба ... ҳассосият дорам.** [man ba ... hassosijat doram]
Pourriez-vous m'apporter ..., s'il vous plaît.	**Лутфан, ба ман ... биёред.** [lutfan, ba man ... bijored]
le sel | le poivre | du sucre	**намак | мурч | шакар** [namak | murtʃ | ʃakar]
un café | un thé | un dessert	**қаҳва | чой | ширинӣ** [qahva | tʃoj | ʃirini:]
de l'eau | gazeuse | plate	**об | газнок | бе газ** [ob | gaznok | be gaz]
une cuillère | une fourchette | un couteau	**қошуқ | чангол | корд** [qoʃuq | tʃangol | kord]
une assiette | une serviette	**табақча | дастмол** [tabaqtʃa | dastmol]

Bon appétit!	**Иштиҳои том!** [iʃtihoi tom!]
Un de plus, s'il vous plaît.	**Лутфан, боз биёред.** [lutfan, boz bijored]
C'était délicieux.	**Хеле бомаза буд.** [χele bomaza bud]

l'addition | de la monnaie | le pourboire	**ҳисобӣ | бақия | чойпулӣ** [hisobi: | baqija | tʃojpuli:]
L'addition, s'il vous plaît.	**Лутфан, ҳисоб кунед.** [lutfan, hisob kuned]
Puis-je payer avec la carte?	**Бо корт пардохта метавонам?** [bo kort pardoχta metavonam?]
Excusez-moi, je crois qu'il y a une erreur ici.	**Бубахшед, дар ин ҷо хато шудааст.** [bubaχʃed, dar in dʒo χato ʃudaast]

Shopping. Faire les Magasins

Est-ce que je peux vous aider?
Метавонам ба шумо ёрй диҳам?
[metavonam ba ʃumo jori: diham?]

Avez-vous ... ?
Шумо ... доред?
[ʃumo ... dored?]

Je cherche ...
Ман ... мекобам.
[man ... mekobam]

Il me faut ...
Ба ман ... даркор аст.
[ba man ... darkor ast]

Je regarde seulement, merci.
Ҳамту тамошо мекунам.
[hamtu tamoʃo mekunam]

Nous regardons seulement, merci.
Мо ҳамту тамошо мекунем
[mo hamtu tamoʃo mekunem]

Je reviendrai plus tard.
Ман дертар меоям.
[man dertar meojam]

On reviendra plus tard.
Мо дертар меоем.
[mo dertar meoem]

Rabais | Soldes
тахфиф | ҳароч
[tahfif | harodʒ]

Montrez-moi, s'il vous plaît ...
Лутфан, ба ман ... нишон диҳед.
[lutfan, ba man ... niʃon dihed]

Donnez-moi, s'il vous plaît ...
Лутфан, ба ман ... диҳед.
[lutfan, ba man ... dihed]

Est-ce que je peux l'essayer?
Мумкин инро пӯшида бинам?
[mumkin inro pœʃida binam?]

Excusez-moi, où est la cabine d'essayage?
Ҷойи пӯшида дидан дар кучо?
[dʒoji pœʃida didan dar kudʒo?]

Quelle couleur aimeriez-vous?
Кадом рангашро мехоҳед?
[kadom rangaʃro meχohed?]

taille | longueur
андоза | қад
[andoza | qad]

Est-ce que la taille convient ?
Чен аст?
[tʃen ast?]

Combien ça coûte?
Ин чанд пул?
[in tʃand pul?]

C'est trop cher.
Ин хеле қимат.
[in χele qimat]

Je vais le prendre.
Ман инро мегирам.
[man inro megiram]

Excusez-moi, où est la caisse?
Бубахшед, касса дар кучо?
[bubaχʃed, kassa dar kudʒo?]

Payerez-vous comptant ou par carte de crédit?	**Чй гуна пардохт мекунед? Бо пули нақд ё бо корт?** [tʃi: guna pardoχt mekuned? bo puli naqd jo bo kort?]
Comptant | par carte de crédit	**нақд | бо корт** [naqd | bo kort]

Voulez-vous un reçu?	**Ба шумо чек лозим?** [ba ʃumo tʃek lozim?]
Oui, s'il vous plaît.	**Бале, хоҳиш мекунам.** [bale, χohiʃ mekunam]
Non, ce n'est pas nécessaire.	**Не, лозим нест. Ташаккур.** [ne, lozim nest. taʃakkur]
Merci. Bonne journée!	**Ташаккур. Хуш бошед!** [taʃakkur. χuʃ boʃed!]

En ville

Excusez-moi, ...	**Бубахшед, ...** [bubaχʃed, ...]
Je cherche ...	**Ман ... мекобам.** [man ... mekobam]
le métro	**метро** [metro]
mon hôtel	**меҳмонхонаамро** [mehmonχonaamro]
le cinéma	**синамо** [sinamo]
un arrêt de taxi	**истгоҳи таски** [istgohi taski]

un distributeur	**худпардоз** [χudpardoz]
un bureau de change	**мубодилаи асъор** [mubodilai as'or]
un café internet	**интернет-қаҳвахона** [internet-qahvaχona]
la rue ...	**кӯчаи ...** [kœtʃai ...]
cette place-ci	**ана ин ҷо** [ana in dʒo]

Savez-vous où se trouve ...?	**Шумо медонед, ки ... дар куҷо аст?** [ʃumo medoned, ki ... dar kudʒo ast?]
Quelle est cette rue?	**Ин кӯча чӣ ном дорад?** [in kœtʃa tʃi: nom dorad?]
Montrez-moi où sommes-nous, s'il vous plaît.	**Нишон диҳед, ки ҳоло мо дар куҷо ҳастем.** [niʃon dihed, ki holo mo dar kudʒo hastem]
Est-ce que je peux y aller à pied?	**Ба онҷо пиёда рафта метавонам?** [ba ondʒo pijoda rafta metavonam?]
Avez-vous une carte de la ville?	**Шумо харитаи шаҳрро доред?** [ʃumo χaritai ʃahrro dored?]

C'est combien pour un ticket?	**Чиптаи даромад чанд пул?** [tʃiptai daromad tʃand pul?]
Est-ce que je peux faire des photos?	**Дар ин ҷо сурат гирифтан мумкин?** [dar in dʒo surat giriftan mumkin?]
Êtes-vous ouvert?	**Шумо кушода?** [ʃumo kuʃoda?]

À quelle heure ouvrez-vous?

Соати чанд кушода мешавед?
[soati tʃand kuʃoda meʃaved?]

À quelle heure fermez-vous?

То соати чанд кор мекунед?
[to soati tʃand kor mekuned?]

L'argent

argent	пул [pul]
argent liquide	пули нақд [puli naqd]
des billets	пули қоғазӣ [puli qoğazi:]
petite monnaie	пули майда [puli majda]
l'addition | de la monnaie | le pourboire	ҳисобӣ | бақия | чойпулӣ [hisobi: | baqija | tʃojpuli:]

carte de crédit	корти пластикӣ [korti plastiki:]
portefeuille	ҳамён [hamjon]
acheter	харид кардан [χarid kardan]
payer	пардохтан [pardoχtan]
amende	ҷарима [dʒarima]
gratuit	ройгон, бепул [rojgon, bepul]

Où puis-je acheter … ?	… аз куҷо харида метавонам? [… az kudʒo χarida metavonam?]
Est-ce que la banque est ouverte en ce moment?	Ҳоло бонк кушода аст? [holo bonk kuʃoda ast?]
À quelle heure ouvre-t-elle?	Соати чанд кушода мешавад? [soati tʃand kuʃoda meʃavad?]
À quelle heure ferme-t-elle?	То соати чанд кор мекунад? [to soati tʃand kor mekunad?]

C'est combien?	Чанд? [tʃand?]
Combien ça coûte?	Ин чанд пул? [in tʃand pul?]
C'est trop cher.	Ин хеле қимат. [in χele qimat]

Excusez-moi, où est la caisse?	Бубахшед, касса дар куҷо? [bubaχʃed, kassa dar kudʒo?]
L'addition, s'il vous plaît.	Лутфан, ҳисоби моро биёред. [lutfan, hisobi moro bijored]

Puis-je payer avec la carte?

Бо корт пардохт кардан мумкин?
[bo kort pardoχt kardan mumkin?]

Est-ce qu'il y a un distributeur ici?

Дар ин чо худпардоз ҳаст?
[dar in dʒo χudpardoz hast?]

Je cherche un distributeur.

Ба ман худпардоз лозим аст.
[ba man χudpardoz lozim ast]

Je cherche un bureau de change.

Ман саррофӣ мекобам.
[man sarrofi: mekobam]

Je voudrais changer ...

... иваз кардан мехостам.
[... ivaz kardan meχostam]

Quel est le taux de change?

Нархи арз чи қадр аст?
[narχi arz tʃi qadr ast?]

Avez-vous besoin de mon passeport?

Ба шумо шиносномаи ман даркор?
[ba ʃumo ʃinosnomai man darkor?]

Le temps

Quelle heure est-il?	**Соат чанд?** [soat tʃand?]
Quand?	**Кай?** [kaj?]

À quelle heure?	**Соати чанд?** [soati tʃand?]
maintenant | plus tard | après …	**ҳозир | дертар | баъди …** [hozir | dertar | ba'di …]

une heure	**яки рӯз** [jaki rœz]
une heure et quart	**яку понздаҳ** [jaku ponzdah]
une heure et demie	**яку ним** [jaku nim]
deux heures moins quart	**понздаҳто кам ду** [ponzdahto kam du]

un | deux | trois	**як | ду | се** [jak | du | se]
quatre | cinq | six	**чор | панҷ | шаш** [tʃor | pandʒ | ʃaʃ]
sept | huit | neuf	**ҳафт | ҳашт | нӯҳ** [haft | haʃt | nœh]
dix | onze | douze	**даҳ | ёздаҳ | дувоздаҳ** [dah | jozdah | duvozdah]

dans …	**баъди …** [ba'di …]
cinq minutes	**панҷ дақиқа** [pandʒ daqiqa]
dix minutes	**даҳ дақиқа** [dah daqiqa]
quinze minutes	**понздаҳ дақиқа** [ponzdah daqiqa]
vingt minutes	**бист дақиқа** [bist daqiqa]

une demi-heure	**ним соат** [nim soat]
une heure	**як соат** [jak soat]

dans la matinée	**саҳарй** [sahari:]
tôt le matin	**саҳари барвақт** [sahari barvaqt]
ce matin	**имрӯз саҳарй** [imrœz sahari:]
demain matin	**субҳи фардо** [subhi fardo]

à midi	**дар нисфирӯзй** [dar nisfirœzi:]
dans l'après-midi	**баъди нисфирӯзй** [ba'di nisfirœzi:]
dans la soirée	**бегоҳй** [begohi:]
ce soir	**имрӯз бегоҳй** [imrœz begohi:]

la nuit	**шабона** [ʃabona]
hier	**дирӯз** [dirœz]
aujourd'hui	**имрӯз** [imrœz]
demain	**пагоҳ** [pagoh]
après-demain	**пасфардо** [pasfardo]

Quel jour sommes-nous aujourd'hui?	**Имрӯз кадом рӯз аст?** [imrœz kadom rœz ast?]
Nous sommes …	**Имрӯз …** [imrœz …]
lundi	**душанбе** [duʃanbe]
mardi	**сешанбе** [seʃanbe]
mercredi	**чоршанбе** [tʃorʃanbe]

jeudi	**панҷшанбе** [pandʒʃanbe]
vendredi	**ҷумъа** [dʒum'a]
samedi	**шанбе** [ʃanbe]
dimanche	**якшанбе** [jakʃanbe]

Salutations - Introductions

Bonjour.
Салом.
[salom]

Enchanté /Enchantée/
Аз шиносой бо шумо хурсандам.
[az ʃinosoi: bo ʃumo χursandam]

Moi aussi.
Ман ҳам.
[man ham]

Je voudrais vous présenter ...
Шинос шавед. Ин кас ...
[ʃinos ʃaved. in kas ...]

Ravi /Ravie/ de vous rencontrer.
Аз ошной бо шумо шод шудам.
[az oʃnoi: bo ʃumo ʃod ʃudam]

Comment allez-vous?
Шумо чӣ хел? Корҳоятон чӣ хел?
[ʃumo tʃi: χel? korhojaton tʃi: χel?]

Je m'appelle ...
Номи ман ...
[nomi man ...]

Il s'appelle ...
Номи вай ...
[nomi vaj ...]

Elle s'appelle ...
Номи вай ...
[nomi vaj ...]

Comment vous appelez-vous?
Номи шумо чӣ?
[nomi ʃumo tʃi:?]

Quel est son nom?
Номи вай чӣ?
[nomi vaj tʃi:?]

Quel est son nom?
Номи вай чӣ?
[nomi vaj tʃi:?]

Quel est votre nom de famille?
Насаби шумо чӣ?
[nasabi ʃumo tʃi:?]

Vous pouvez m'appeler ...
Маро ... ном гиред.
[maro ... nom gired]

D'où êtes-vous?
Шумо аз куҷо?
[ʃumo az kudʒo?]

Je suis de
Ман аз ...
[man az ...]

Qu'est-ce que vous faites dans la vie?
Кӣ шуда кор мекунед?
[ki: ʃuda kor mekuned?]

Qui est-ce?
Ин кӣ?
[in ki:?]

Qui est-il?
Вай кӣ?
[vaj ki:?]

Qui est-elle?
Вай кӣ?
[vaj ki:?]

Qui sont-ils?	**Онҳо кй?** [onho ki:?]
C'est ...	**Ин кас ...** [in kas ...]
mon ami	**дӯсти ман** [dœsti man]
mon amie	**дугонаи ман** [dugonai man]
mon mari	**шавҳари ман** [ʃavhari man]
ma femme	**завҷаи ман** [zavdʒai man]
mon père	**падари ман** [padari man]
ma mère	**модари ман** [modari man]
mon frère	**бародари ман** [barodari man]
ma sœur	**хоҳари ман** [χohari man]
mon fils	**писари ман** [pisari man]
ma fille	**духтари ман** [duχtari man]
C'est notre fils.	**Ин писари мо.** [in pisari mo]
C'est notre fille.	**Ин духтари мо.** [in duχtari mo]
Ce sont mes enfants.	**Инҳо фарзандони ман.** [inho farzandoni man]
Ce sont nos enfants.	**Инҳо фарзандони мо.** [inho farzandoni mo]

Les adieux

Au revoir!	**То дидан!** [to didan!]
Salut!	**Хайр!** [χajr!]
À demain.	**То пагоҳ.** [to pagoh]
À bientôt.	**То боздид.** [to bozdid]
On se revoit à sept heures.	**Соати ҳафт вомехӯрем.** [soati haft vomeχœrem]
Amusez-vous bien!	**Вақтхушӣ кунед!** [vaqtχuʃi: kuned!]
On se voit plus tard.	**Дертар гап мезанем.** [dertar gap mezanem]
Bonne fin de semaine.	**Рӯзҳои истироҳатро хуб гузаронед.** [rœzhoi istirohatro χub guzaroned]
Bonne nuit.	**Шаби хуш.** [ʃabi χuʃ]
Il est l'heure que je parte.	**Бояд равам.** [bojad ravam]
Je dois m'en aller.	**Бояд равам.** [bojad ravam]
Je reviens tout de suite.	**Ман ҳозир бармегардам.** [man hozir barmegardam]
Il est tard.	**Хеле бевақт шуд.** [χele bevaqt ʃud]
Je dois me lever tôt.	**Пагоҳ бояд барвақт хезам.** [pagoh bojad barvaqt χezam]
Je pars demain.	**Пагоҳ ман меравам.** [pagoh man meravam]
Nous partons demain.	**Пагоҳ мо меравем.** [pagoh mo meravem]
Bon voyage!	**Роҳи сафед!** [rohi safed!]
Enchanté de faire votre connaissance.	**Хурсандам, ки бо шумо шинос шудам.** [χursandam, ki bo ʃumo ʃinos ʃudam]
Heureux /Heureuse/ d'avoir parlé avec vous.	**Аз суҳбати шумо баҳра бурдам.** [az suhbati ʃumo bahra burdam]

Merci pour tout.

Ташаккур барои ҳама чиз.
[taʃakkur baroi hama ʧiz]

Je me suis vraiment amusé /amusée/

Вақтам хеле хуб гузашт.
[vaqtam χele χub guzaʃt]

Nous nous sommes vraiment
amusés /amusées/

Вақтамон хеле хуб гузашт.
[vaqtamon χele χub guzaʃt]

C'était vraiment plaisant.

Ҳама чиз олӣ буд.
[hama ʧiz oli: bud]

Vous allez me manquer.

Ёд мекунам.
[jod mekunam]

Vous allez nous manquer.

Мо ёд мекунем.
[mo jod mekunem]

Bonne chance!

Комрон бош! Хайр!
[komron boʃ! χajr!]

Mes salutations à …

Ба … салом расонед.
[ba … salom rasoned]

Une langue étrangère

Je ne comprends pas.	**Ман намефаҳмам.** [man namefahmam]
Écrivez-le, s'il vous plaît.	**Лутфан, инро бинависед.** [lutfan, inro binavised]
Parlez-vous ...?	**Шумо забони ... медонед?** [ʃumo zaboni ... medoned?]

Je parle un peu ...	**Каме ... медонам** [kame ... medonam]
anglais	**инглисӣ** [inglisi:]
turc	**туркӣ** [turki:]
arabe	**арабӣ** [arabi:]
français	**фаронсавӣ** [faronsavi:]

allemand	**олмонӣ** [olmoni:]
italien	**итолиёй** [itolijoi:]
espagnol	**испанӣ** [ispani:]
portugais	**португалӣ** [portugali:]
chinois	**чинӣ** [tʃini:]
japonais	**чопонӣ** [dʒoponi:]

Pouvez-vous le répéter, s'il vous plaît.	**Лутфан, такрор кунед.** [lutfan, takror kuned]
Je comprends.	**Мефаҳмам.** [mefahmam]
Je ne comprends pas.	**Ман намефаҳмам.** [man namefahmam]
Parlez plus lentement, s'il vous plaît.	**Лутфан, оҳиста гап занед.** [lutfan, ohista gap zaned]

Est-ce que c'est correct?	**Ин дуруст?** [in durust?]
Qu'est-ce que c'est?	**Ин калима чӣ маъно дорад?** [in kalima tʃi: ma'no dorad?]

Les excuses

Excusez-moi, s'il vous plaît.	**Илтимос, бубахшед.** [iltimos, bubaxʃed]
Je suis désolé /désolée/	**Афсӯс мехӯрам.** [afsœs meχœram]
Je suis vraiment /désolée/	**Сад афсӯс.** [sad afsœs]
Désolé /Désolée/, c'est ma faute.	**Айби ман шуд.** [ajbi man ʃud]
Au temps pour moi.	**Хатои ман.** [χatoi man]
Puis-je ... ?	**Мумкин ман...** [mumkin man ...]
Ça vous dérange si je ...?	**Агар зид набошед, ман ...** [agar zid naboʃed, man ...]
Ce n'est pas grave.	**Ҳеҷ гап не.** [hedʒ gap ne]
Ça va.	**Ҳамааш дар ҷояш.** [hamaaʃ dar dʒojaʃ]
Ne vous inquiétez pas.	**Ташвиш накашед.** [taʃviʃ nakaʃed]

Les accords

Oui	**Ҳа.** [ha]
Oui, bien sûr.	**Ҳа, албатта.** [ha, albatta]
Bien.	**Хуб!** [χub!]
Très bien.	**Хеле хуб!** [χele χub!]
Bien sûr!	**Албатта!** [albatta!]
Je suis d'accord.	**Ман розӣ** [man rozi:]
C'est correct.	**Рост.** [rost]
C'est exact.	**Дуруст.** [durust]
Vous avez raison.	**Шумо ҳақ.** [ʃumo haq]
Je ne suis pas contre.	**Эътироз намекунам.** [e'tiroz namekunam]
Tout à fait correct.	**Комилан дуруст.** [komilan durust]
C'est possible.	**Ин инконпазир аст.** [in inkonpazir ast]
C'est une bonne idée.	**Ин фикри хуб.** [in fikri χub]
Je ne peux pas dire non.	**Не гуфта наметавонам.** [ne gufta nametavonam]
J'en serai ravi /ravie/	**Хурсанд мешавам.** [χursand meʃavam]
Avec plaisir.	**Бо камоли майл.** [bo kamoli majl]

Refus, exprimer le doute

Non	**Не.** [ne]
Absolument pas.	**Албатта не.** [albatta ne]
Je ne suis pas d'accord.	**Ман розй не.** [man rozi: ne]
Je ne le crois pas.	**Фикри ман дигар.** [fikri man digar]
Ce n'est pas vrai.	**Ин рост не.** [in rost ne]

Vous avez tort.	**Шумо ҳақ нестед.** [ʃumo haq nested]
Je pense que vous avez tort.	**Ба фикрам, ҳақ бар ҷониби шумо нест.** [ba fikram, haq bar dʒonibi ʃumo nest]
Je ne suis pas sûr /sûre/	**Дилпур нестам.** [dilpur nestam]
C'est impossible.	**Ин аз имкон берун аст.** [in az imkon berun ast]
Pas du tout!	**Асло!** [aslo!]

Au contraire!	**Баръакс!** [bar'aks!]
Je suis contre.	**Ман зид.** [man zid]
Ça m'est égal.	**Ба ман фарқ надорад.** [ba man farq nadorad]
Je n'ai aucune idée.	**Хабар надорам.** [χabar nadoram]
Je doute que cela soit ainsi.	**Аз ин шубҳа дорам.** [az in ʃubha doram]

Désolé /Désolée/, je ne peux pas.	**Бубахшед, ман наметавонам.** [bubaχʃed, man nametavonam]
Désolé /Désolée/, je ne veux pas.	**Бубахшед, ман намехоҳам.** [bubaχʃed, man nameχoham]

Merci, mais ça ne m'intéresse pas.	**Ташаккур, ин ба ман даркор не.** [taʃakkur, in ba man darkor ne]
Il se fait tard.	**Хеле бевақт шуд.** [χele bevaqt ʃud]

Je dois me lever tôt.

Пагоҳ бояд барвақт хезам.
[pagoh bojad barvaqt χezam]

Je ne me sens pas bien.

Худамро бад ҳис мекунам.
[χudamro bad his mekunam]

Exprimer la gratitude

Merci.	**Ташаккур.** [taʃakkur]
Merci beaucoup.	**Ташаккури зиёд.** [taʃakkuri zijod]
Je l'apprécie beaucoup.	**Сипосгузорам.** [siposguzoram]
Je vous suis très reconnaissant.	**Аз шумо миннатдорам.** [az ʃumo minnatdoram]
Nous vous sommes très reconnaissant.	**Аз шумо сипосгузорем.** [az ʃumo siposguzorem]

Merci pour votre temps.	**Ташаккур, ки вақт сарф кардед.** [taʃakkur, ki vaqt sarf karded.]
Merci pour tout.	**Ташаккур барои ҳама чиз.** [taʃakkur baroi hama tʃiz]
Merci pour ...	**Ташаккур барои ...** [taʃakkur baroi ...]
votre aide	**ёрии шумо** [jorii ʃumo]
les bons moments passés	**вақти хуш** [vaqti χuʃ]

un repas merveilleux	**хӯроки бомаза** [χœroki bomaza]
cette agréable soirée	**шоми хуш** [ʃomi χuʃ]
cette merveilleuse journée	**рӯзи хотирмон** [rœzi χotirmon]
une excursion extraordinaire	**экскурсияи шавқовар** [ekskursijai ʃavqovar]

Il n'y a pas de quoi.	**Ҳеҷ гап не.** [hedʒ gap ne]
Vous êtes les bienvenus.	**Намеарзад.** [namearzad]
Mon plaisir.	**Ҳамеша марҳамат.** [hameʃa marhamat]
J'ai été heureux /heureuse/ de vous aider.	**Хушҳолам, ки кӯмак кардам.** [χuʃholam, ki kœmak kardam]
Ça va. N'y pensez plus.	**Фаромӯш кунед. Ҳамааш дар ҷояш.** [faromœʃ kuned. hamaaʃ dar dʒojaʃ]
Ne vous inquiétez pas.	**Ташвиш накашед.** [taʃviʃ nakaʃed]

Félicitations. Vœux de fête

Félicitations!	**Табрик мекунам!** [tabrik mekunam!]
Joyeux anniversaire!	**Зодрӯз муборак!** [zodrœz muborak!]
Joyeux Noël!	**Иди милод муборак!** [idi milod muborak!]
Bonne Année!	**Соли нав муборак!** [soli nav muborak!]

Joyeuses Pâques!	**Иди Песоҳ муборак!** [idi pesoh muborak!]
Joyeux Hanoukka!	**Иди Ханука муборак!** [idi χanuka muborak!]

Je voudrais proposer un toast.	**Нӯшбод дорам.** [nœʃbod doram]
Santé!	**Барои саломатии шумо!** [baroi salomatii ʃumo!]
Buvons à ...!	**Барои ... менӯшем!** [baroi ... menœʃem!]
À notre succès!	**Барои комёбии мо!** [baroi komjobii mo!]
À votre succès!	**Барои комёбии шумо!** [baroi komjobii ʃumo!]

Bonne chance!	**Муваффақият!** [muvaffaqijat!]
Bonne journée!	**Рӯзи хуш!** [rœzi χuʃ!]
Passez de bonnes vacances !	**Хуб дам гиред!** [χub dam gired!]
Bon voyage!	**Сафари хуш бод!** [safari χuʃ bɒd!]
Rétablissez-vous vite.	**Орзу мекунам, ки зудтар сиҳат шавед!** [orzu mekunam, ki zudtar sihat ʃaved!]

Socialiser

Pourquoi êtes-vous si triste?	**Чаро озурда менамоед?** [tʃaro ozurda menamoed?]
Souriez!	**Табассум кунед!** [tabassum kuned!]
Êtes-vous libre ce soir?	**Бегохӣ кор надоред?** [begohi: kor nadored?]
Puis-je vous offrir un verre?	**Мумкин ба шумо нӯшокӣ пешкаш кунам?** [mumkin ba ʃumo nœʃoki: peʃkaʃ kunam?]
Voulez-vous danser?	**Рақс кардан намехоҳед?** [raqs kardan nameχohed?]
Et si on va au cinéma?	**Шояд ба синамо равем?** [ʃojad ba sinamo ravem?]
Puis-je vous inviter ...	**Мумкин шуморо ба ... таклиф кунам?** [mumkin ʃumoro ba ... taklif kunam?]
au restaurant	**тарабхона** [tarabχona]
au cinéma	**синамо** [sinamo]
au théâtre	**театр** [teatr]
pour une promenade	**сайру гашт** [sajru gaʃt]
À quelle heure?	**Соати чанд?** [soati tʃand?]
ce soir	**имрӯз бегохӣ** [imrœz begohi:]
à six heures	**дар соати шаш** [dar soati ʃaʃ]
à sept heures	**дар соати ҳафт** [dar soati haft]
à huit heures	**дар соати ҳашт** [dar soati haʃt]
à neuf heures	**дар соати нуҳ** [dar soati nuh]
Est-ce que vous aimez cet endroit?	**Ба шумо ин ҷо маъқул?** [ba ʃumo in dʒo ma'qul?]
Êtes-vous ici avec quelqu'un?	**Шумо дар ин ҷо танҳо?** [ʃumo dar in dʒo tanho?]

Je suis avec mon ami.

Ман бо дӯстам /дугонаам/.
[man bo dœstam /dugonaam/]

Je suis avec mes amis.

Ман бо дӯстонам.
[man bo dœstonam]

Non, je suis seul /seule/

Ман танхо.
[man tanho]

As-tu un copain?

Ту рафиқ дорй?
[tu rafiq dori:?]

J'ai un copain.

Ман чӯра дорам.
[man dʒœra doram]

As-tu une copine?

Ту дугона дорй?
[tu dugona dori:?]

J'ai une copine.

Ман хонум дорам.
[man χonum doram]

Est-ce que je peux te revoir?

Боз вомехӯрем?
[boz vomeχœrem?]

Est-ce que je peux t'appeler?

Мумкин ба ту занг занам?
[mumkin ba tu zang zanam?]

Appelle-moi.

Ба ман занг зан.
[ba man zang zan]

Quel est ton numéro?

Рақмат чанд?
[raqmat tʃand?]

Tu me manques.

Туро ёд мекунам.
[turo jod mekunam]

Vous avez un très beau nom.

Номатон бисёр зебо.
[nomaton bisjor zebo]

Je t'aime.

Ман туро дӯст медорам.
[man turo dœst medoram]

Veux-tu te marier avec moi?

Ҳамсари ман шав.
[hamsari man ʃav]

Vous plaisantez!

Шӯхй мекунед!
[ʃœχi: mekuned!]

Je plaisante.

Ҳамту шӯхй буд.
[hamtu ʃœχi: bud]

Êtes-vous sérieux /sérieuse/?

Шумо чиддй мегӯед?
[ʃumo dʒiddi: megœeed?]

Je suis sérieux /sérieuse/

Ман чиддй мегӯям.
[man dʒiddi: megœejam]

Vraiment?!

Рост?!
[rost?!]

C'est incroyable!

Ин аз ақл берун!
[in az aql berun!]

Je ne vous crois pas.

Ман ба шумо бовар намекунам.
[man ba ʃumo bovar namekunam]

Je ne peux pas.

Ман наметавонам.
[man nametavonam]

Je ne sais pas.

Ман намедонам.
[man namedonam]

Je ne vous comprends pas	**Ман шуморо намефаҳмам.** [man ʃumoro namefahmam]
Laissez-moi! Allez-vous-en!	**Лутафан, биравед.** [lutafan, biraved]
Laissez-moi tranquille!	**Маро ташвиш надиҳед!** [maro taʃviʃ nadihed!]

Je ne le supporte pas.	**Ман вайро тоқати дидан надорам.** [man vajro toqati didan nadoram]
Vous êtes dégoûtant!	**Шумо нафратангез!** [ʃumo nafratangez!]
Je vais appeler la police!	**Ман ба пулис занг мезанам!** [man ba pulis zang mezanam!]

Partager des impressions. Émotions

J'aime ça.	**Ин ба ман маъкул.** [in ba man ma'qul]
C'est gentil.	**Хеле дилкаш.** [χele dilkaʃ]
C'est super!	**Ин зӯр!** [in zœr!]
C'est assez bien.	**Ин бад не.** [in bad ne]

Je n'aime pas ça.	**Ин ба ман маъкул не.** [in ba man ma'qul ne]
Ce n'est pas bien.	**Ин хуб не.** [in χub ne]
C'est mauvais.	**Ин бад.** [in bad]
Ce n'est pas bien du tout.	**Ин хеле бад.** [in χele bad]
C'est dégoûtant.	**Ин нафратангез.** [in nafratangez]

Je suis content /contente/	**Ман хушбахт.** [man χuʃbaχt]
Je suis heureux /heureuse/	**Ман қаноатманд.** [man qanoatmand]
Je suis amoureux /amoureuse/	**Ман ошиқ шудам.** [man oʃiq ʃudam]
Je suis calme.	**Ман ором.** [man orom]
Je m'ennuie.	**Дилгир шудам.** [dilgir ʃudam]

Je suis fatigué /fatiguée/	**Монда шудам.** [monda ʃudam]
Je suis triste	**Зиқ шудам.** [ziq ʃudam]
J'ai peur.	**Ман метарсам.** [man metarsam]

Je suis fâché /fâchée/	**Қаҳрам меояд.** [qahram meojad]
Je suis inquiet /inquiète/	**Ман дар ҳаяҷонам.** [man dar hajadʒonam]
Je suis nerveux /nerveuse/	**Асабонӣ мешавам.** [asaboni: meʃavam]

Je suis jaloux /jalouse/

Ман ҳасад мебарам.
[man hasad mebaram]

Je suis surpris /surprise/

Ман ҳайрон.
[man hajron]

Je suis gêné /gênée/

Дар тааччубам.
[dar taadʒdʒubam]

Problèmes. Accidents

J'ai un problème.	**Ман мушкилӣ дорам.** [man muʃkili: doram]
Nous avons un problème.	**Мо мушкилӣ дорем.** [mo muʃkili: dorem]
Je suis perdu /perdue/	**Ман раҳгум задам.** [man rahgum zadam]
J'ai manqué le dernier bus (train).	**Ман ба автобуси (қатори) охирон дер кардам.** [man ba avtobusi (qatori) oχiron der kardam]
Je n'ai plus d'argent.	**Ман тамоман бепул мондам.** [man tamoman bepul mondam]

J'ai perdu mon ...	**Ман ... гум кардам.** [man ... gum kardam]
On m'a volé mon ...	**... дуздиданд.** [... duzdidand]

passeport	**шиносномаамро** [ʃinosnomaamro]
portefeuille	**ҳамёнамро** [hamjonamro]
papiers	**ҳуҷҷатҳоямро** [hudʒdʒathojamro]
billet	**чиптаамро** [tʃiptaamro]

argent	**пулхоямро** [pulhojamro]
sac à main	**сумкаамро** [sumkaamro]
appareil photo	**суратгиракамро** [suratgirakamro]
portable	**ноутбукамро** [noutbukamro]
ma tablette	**планшетамро** [planʃetamro]
mobile	**телефонамро** [telefonamro]

Au secours!	**Ёрӣ диҳед!** [jori: dihed!]
Qu'est-il arrivé?	**Чӣ шуд?** [tʃi: ʃud?]

un incendie	**сӯхтор** [sœχtor]
des coups de feu	**тирпаронӣ** [tirparoni:]
un meurtre	**куштор** [kuʃtor]
une explosion	**таркиш** [tarkiʃ]
une bagarre	**занозанӣ** [zanozani:]

Appelez la police!	**Ба пулис занг занед!** [ba pulis zang zaned!]
Dépêchez-vous, s'il vous plaît!	**Илтимос, зудтар!** [iltimos, zudtar!]
Je cherche le commissariat de police.	**Ман идораи пулис мекобам.** [man idorai pulis mekobam.]
Il me faut faire un appel.	**Ба занг задан даркор.** [ba zang zadan darkor]
Puis-je utiliser votre téléphone?	**Мумкин занг занам?** [mumkin zang zanam?]

J'ai été …	**Маро** [maro]
agressé /agressée/	**ғорат карданд** [ğorat kardand]
volé /volée/	**дузд зад** [duzd zad]
violée	**таҷовуз кардан** [taʤovuz kardan]
attaqué /attaquée/	**лату кӯб карданд** [latu kœb kardand]

Est-ce que ça va?	**Ҳолатон хуб?** [holaton χub?]
Avez-vous vu qui c'était?	**Шумо дидед, вай кӣ буд?** [ʃumo dided, vaj ki: bud?]
Pourriez-vous reconnaître cette personne?	**Вайро шинохта метавонед?** [vajro ʃinoχta metavoned?]
Vous êtes sûr?	**Шумо аниқ медонед?** [ʃumo aniq medoned?]

Calmez-vous, s'il vous plaît.	**Илтимос, ором шавед.** [iltimos, orom ʃaved]
Calmez-vous!	**Ором!** [orom!]
Ne vous inquiétez pas.	**Ташвиш накашед.** [taʃviʃ nakaʃed]
Tout ira bien.	**Ҳамааш хуб мешавад.** [hamaaʃ χub meʃavad]
Ça va. Tout va bien.	**Ҳамааш дар ҷояш.** [hamaaʃ dar ʤojaʃ]

Venez ici, s'il vous plaît.

Лутфан, наздик оед.
[lutfan, nazdik oed]

J'ai des questions à vous poser.

Ба шумо якчанд савол дорам.
[ba ʃumo jaktʃand savol doram]

Attendez un moment, s'il vous plaît.

Лутфан, мунтазир шавед.
[lutfan, muntazir ʃaved]

Avez-vous une carte d'identité?

Шумо ҳуҷҷат доред?
[ʃumo huʤʤat dored?]

Merci. Vous pouvez partir maintenant.

Ташаккур. Шумо рафта метавонед.
[taʃakkur. ʃumo rafta metavoned]

Les mains derrière la tête!

Дастҳо пушти сар!
[dastho puʃti sar!]

Vous êtes arrêté!

Шумо ҳабс шудед!
[ʃumo habs ʃuded!]

Problèmes de santé

Aidez-moi, s'il vous plaît.	**Лутфан, ёрӣ диҳед.** [lutfan, jori: dihed]
Je ne me sens pas bien.	**Худамро бад ҳис мекунам.** [χudamro bad his mekunam]
Mon mari ne se sent pas bien.	**Ҳоли шавҳарам бад шуд.** [holi ʃavharam bad ʃud]
Mon fils ...	**Ҳоли писарам ...** [holi pisaram ...]
Mon père ...	**Ҳоли падарам ...** [holi padaram ...]
Ma femme ne se sent pas bien.	**Ҳоли занам бад шуд.** [holi zanam bad ʃud]
Ma fille ...	**Ҳоли духтарам ...** [holi duχtaram ...]
Ma mère ...	**Ҳоли модарам ...** [holi modaram ...]
J'ai mal ...	**... дард мекунад.** [... dard mekunad]
à la tête	**сарам** [saram]
à la gorge	**гулӯям** [gulœjam]
à l'estomac	**шикамам** [ʃikamam]
aux dents	**дандонам** [dandonam]
J'ai le vertige.	**Сарам тоб мехӯрад.** [saram tob meχœrad]
Il a de la fièvre.	**Тафс дорам.** [tafs doram]
Elle a de la fièvre.	**Вай тафс дорад.** [vaj tafs dorad]
Je ne peux pas respirer.	**Нафас кашида наметавонам.** [nafas kaʃida nametavonam]
J'ai du mal à respirer.	**Нафасгир мешавам.** [nafasgir meʃavam]
Je suis asthmatique.	**Ман астма дорам.** [man astma doram]
Je suis diabétique.	**Ман қандкасалам.** [man qandkasalam]

Je ne peux pas dormir.	**Бедорхобӣ мекашам.** [bedorχobi: mekaʃam]
intoxication alimentaire	**Заҳролудшавии ғизой** [zahroludʃavii ğizoi:]

Ça fait mal ici.	**Ин ҷоям дард мекунад.** [in dʒojam dard mekunad]
Aidez-moi!	**Ёрӣ диҳед!** [jori: dihed!]
Je suis ici!	**Ман ҳамин ҷо!** [man hamin dʒo!]
Nous sommes ici!	**Мо ҳамин ҷо!** [mo hamin dʒo!]
Sortez-moi d'ici!	**Маро кашида бароред!** [maro kaʃida barored!]
J'ai besoin d'un docteur.	**Ба ман духтур даркор.** [ba man duχtur darkor]
Je ne peux pas bouger!	**Ҳаракат карда наметавонам.** [harakat karda nametavonam]
Je ne peux pas bouger mes jambes.	**Пойҳоямро ҳис намекунам.** [pojhojamro his namekunam]

Je suis blessé /blessée/	**Ман захм хӯрдам.** [man zaχm χœrdam]
Est-ce que c'est sérieux?	**Ин ҷиддӣ?** [in dʒiddi:?]
Mes papiers sont dans ma poche.	**Ҳуҷҷатҳоям дар киса.** [hudʒdʒathojam dar kisa]
Calmez-vous!	**Ором шавед!** [orom ʃaved!]
Puis-je utiliser votre téléphone?	**Мумкин занг занам?** [mumkin zang zanam?]

Appelez une ambulance!	**Ба ёрии таъҷилӣ занг занед!** [ba jorii ta'dʒili: zang zaned!]
C'est urgent!	**Ин фаврӣ!** [in favri:!]
C'est une urgence!	**Ин бисёр фаврӣ!** [in bisjor favri:!]
Dépêchez-vous, s'il vous plaît!	**Илтимос, зудтар!** [iltimos, zudtar!]
Appelez le docteur, s'il vous plaît.	**Илтимос, духтурро чег занед.** [iltimos, duχturro dʒeğ zaned]
Où est l'hôpital?	**Беморохона дар куҷо?** [bemoroχona dar kudʒo?]

Comment vous sentez-vous?	**Худро чи хел ҳис мекунед?** [χudro tʃi χel his mekuned?]
Est-ce que ça va?	**Ҳолатон хуб?** [holaton χub?]
Qu'est-il arrivé?	**Чӣ рӯй дод?** [tʃi: rœj dod?]

Je me sens mieux maintenant. **Аллакай, худро беҳтар ҳис мекунам.**
[allakaj, χudro behtar his mekunam]

Ça va. Tout va bien. **Ҳамааш дар ҷояш.**
[hamaaʃ dar dʒojaʃ]

Ça va. **Ҳамааш хуб.**
[hamaaʃ χub]

À la pharmacie

pharmacie	дорухона
	[doruχona]
pharmacie 24 heures	дорухонаи шабонарӯзӣ
	[doruχonai ʃabonarœzi:]
Où se trouve la pharmacie la plus proche?	Дорухонаи наздиктарин дар кучо?
	[doruχonai nazdiktarin dar kudʒo?]
Est-elle ouverte en ce moment?	Ҳоло кушода аст?
	[holo kuʃoda ast?]
À quelle heure ouvre-t-elle?	Соати чанд кушода мешавад?
	[soati tʃand kuʃoda meʃavad?]
à quelle heure ferme-t-elle?	То соати чанд кор мекунад?
	[to soati tʃand kor mekunad?]
C'est loin?	Ин дур аст?
	[in dur ast?]
Est-ce que je peux y aller à pied?	Ба онҷо пиёда рафта метавонам?
	[ba ondʒo pijoda rafta metavonam?]
Pouvez-vous me le montrer sur la carte?	Илтимос, дар харита нишон диҳед.
	[iltimos, dar χarita niʃon dihed]
Pouvez-vous me donner quelque chose contre ...	Ба ман ягон чиз аз ... диҳед.
	[ba man jagon tʃiz az ... dihed]
le mal de tête	дарди сар
	[dardi sar]
la toux	сулфа
	[sulfa]
le rhume	шамолхӯрӣ
	[ʃamolχœri:]
la grippe	зуком
	[zukom]
la fièvre	тафс
	[tafs]
un mal d'estomac	дарди меъда
	[dardi me'da]
la nausée	дилбеҳузурӣ
	[dilbehuzuri:]
la diarrhée	шикамравӣ
	[ʃikamravi:]
la constipation	қабзият
	[qabzijat]
un mal de dos	дарди миён
	[dardi mijon]

les douleurs de poitrine	дарди қафаси сина [dardi qafasi sina]
les points de côté	дарди паҳлӯ [dardi pahlœ]
les douleurs abdominales	дарди шикам [dardi ʃikam]

une pilule	доруи ҳаб [dorui hab]
un onguent, une crème	марҳам, крем [marham, krem]
un sirop	шира [ʃira]
un spray	спрей [sprej]
les gouttes	чакрагӣ [tʃakragi:]

Vous devez allez à l'hôpital.	Шумо бояд ба беморхона равед. [ʃumo bojad ba bemorχona raved]
assurance maladie	таъминот [ta'minot]
prescription	ретсепт [retsept]
produit anti-insecte	доруи ҳашарот [dorui haʃarot]
bandages adhésifs	часпи захм [tʃaspi zaχm]

Les essentiels

Excusez-moi, ...	**Бубахшед, ...** [bubaxʃed, ...]
Bonjour	**Салом.** [salom]
Merci	**Ташаккур.** [taʃakkur]
Au revoir	**То дидан.** [to didan]
Oui	**Ҳа.** [ha]
Non	**Не.** [ne]
Je ne sais pas.	**Ман намедонам.** [man namedonam]
Où? | Où? | Quand?	**Дар кучо? | Ба кучо? | Кай?** [dar kudʒo? | ba kudʒo? | kaj?]

J'ai besoin de ...	**Ба ман ... даркор аст.** [ba man ... darkor ast]
Je veux ...	**Ман ... мехоҳам.** [man ... meχoham]
Avez-vous ... ?	**Шумо ... доред?** [ʃumo ... dored?]
Est-ce qu'il y a ... ici?	**Дар ин чо ... ҳаст?** [dar in dʒo ... hast?]
Puis-je ... ?	**... метавонам?** [... metavonam?]
s'il vous plaît (pour une demande)	**Илтимос** [iltimos]

Je cherche ...	**Ман ... мекобам.** [man ... mekobam]
les toilettes	**хоҷатхона** [χodʒatχona]
un distributeur	**худпардоз** [χudpardoz]
une pharmacie	**дорухона** [doruχona]
l'hôpital	**беморхона** [bemorχona]
le commissariat de police	**идораи пулис** [idorai pulis]
une station de métro	**метро** [metro]

un taxi	**такси** [taksi]
la gare	**вокзал** [vokzal]

Je m'appelle ...	**Номи ман ...** [nomi man ...]
Comment vous appelez-vous?	**Номи шумо чӣ?** [nomi ʃumo tʃi:?]
Aidez-moi, s'il vous plaît.	**Илтимос, ба ман ёрӣ диҳед.** [iltimos, ba man jori: dihed]
J'ai un problème.	**Ман мушкилӣ дорам.** [man muʃkili: doram]
Je ne me sens pas bien.	**Худамро бад ҳис мекунам.** [χudamro bad his mekunam]
Appelez une ambulance!	**Ба ёрии таъҷилӣ занг занед!** [ba jorii ta'dʒili: zang zaned!]
Puis-je faire un appel?	**Мумкин занг занам?** [mumkin zang zanam?]

Excusez-moi.	**Бубахшед** [bubaχʃed]
Je vous en prie.	**Намеарзад** [namearzad]

je, moi	**ман** [man]
tu, toi	**ту** [tu]
il	**ӯ, вай** [œ, vaj]
elle	**ӯ, вай** [œ, vaj]
ils	**онҳо** [onho]
elles	**онҳо** [onho]
nous	**мо** [mo]
vous	**шумо** [ʃumo]
Vous	**Шумо** [ʃumo]

ENTRÉE	**ДАРОМАДГОҲ** [daromadgoh]
SORTIE	**БАРОМАДГОҲ** [baromadgoh]
HORS SERVICE | EN PANNE	**КОР НАМЕКУНАД** [kor namekunad]
FERMÉ	**ПӮШИДА** [pœʃida]

OUVERT	**КУШОДА** [kuʃoda]
POUR LES FEMMES	**БАРОИ ЗАНОН** [baroi zanon]
POUR LES HOMMES	**БАРОИ МАРДОН** [baroi mardon]

T&P BOOKS

VOCABULAIRE
THÉMATIQUE

Cette section contient plus
de 3000 des mots les plus
importants. Le dictionnaire
sera d'une aide indispensable
lors de voyages à l'étranger
puisque les mots individuels
sont souvent assez pour être
compris. Le dictionnaire
comprend une transcription
utile de chaque mot

T&P Books Publishing

CONTENU DU DICTIONNAIRE

T&P Books Publishing

CONCEPTS DE BASE

1. Les pronoms

je	ман	[man]
tu	ту	[tu]
il	ӯ, вай	[œ], [vaj]
elle	ӯ, вай	[œ], [vaj]
ça	он	[on]
nous	мо	[mo]
vous	шумо	[ʃumo]
vous (form., sing.)	Шумо	[ʃumo]
vous (form., pl)	Шумо	[ʃumo]
ils, elles (inanim.)	онон	[onon]
ils, elles (anim.)	онхо, вайхо	[onho], [vajho]

2. Adresser des vœux. Se dire bonjour

Bonjour! (fam.)	Салом!	[salom]
Bonjour! (form.)	Ассалом!	[assalom]
Bonjour! (le matin)	Субхатон ба хайр!	[subhaton ba χajr]
Bonjour! (après-midi)	Рӯз ба хайр!	[rœz ba χajr]
Bonsoir!	Шом ба хайр!	[ʃom ba χajr]
dire bonjour	саломалейк кардан	[salomalejk kardan]
Salut!	Ассалом! Салом!	[assalom salom]
salut (m)	вохӯрдй	[voχœrdi:]
saluer (vt)	вохӯрдй кардан	[voχœrdi: kardan]
Comment allez-vous?	Корхоятон чй хел?	[korhojaton tʃi: χel]
Comment ça va?	Корхоят чй хел?	[korhojat tʃi: χel]
Quoi de neuf?	Чй навигарй?	[tʃi: navigari:]
Au revoir! (form.)	То дидан!	[to didan]
Au revoir! (fam.)	Хайр!	[χajr]
À bientôt!	То вохӯрии наздик!	[to voχœri:i nazdik]
Adieu! (fam.)	Падруд!	[padrud]
Adieu! (form.)	Хайрбод! Падруд!	[χajrbod padrud]
dire au revoir	падруд гуфтан	[padrud guftan]
Salut! (À bientôt!)	Хайр!	[χajr]
Merci!	Рахмат!	[rahmat]
Merci beaucoup!	Бисёр рахмат!	[bisjor rahmat]
Je vous en prie	Мархамат!	[marhamat]

| Il n'y a pas de quoi | Намеарзад | [namearzad] |
| Pas de quoi | Намеарзад | [namearzad] |

Excuse-moi!	Бубахш!	[bubaχʃ]
Excusez-moi!	Бубахшед!	[bubaχʃed]
excuser (vt)	афв кардан	[afv kardan]

s'excuser (vp)	узр пурсидан	[uzr pursidan]
Mes excuses	Маро бубахшед	[maro bubaχʃed]
Pardonnez-moi!	Бубахшед!	[bubaχʃed]
pardonner (vt)	бахшидан	[baχʃidan]
C'est pas grave	Хеч гап не	[heʧ gap ne]
s'il vous plaît	илтимос	[iltimos]

N'oubliez pas!	Фаромӯш накунед!	[faromœʃ nakuned]
Bien sûr!	Албатта!	[albatta]
Bien sûr que non!	Албатта не!	[albatta ne]
D'accord!	Розй!	[rozi:]
Ça suffit!	Бас!	[bas]

3. Les questions

Qui?	Кй?	[ki:]
Quoi?	Чй?	[ʧi:]
Où? (~ es-tu?)	Дар кучо?	[dar kuʤo]
Où? (~ vas-tu?)	Кучо?	[kuʤo]
D'où?	Аз кучо?	[az kuʤo]
Quand?	Кай?	[kaj]
Pourquoi? (~ es-tu venu?)	Барои чй?	[baroi ʧi:]
Pourquoi? (~ t'es pâle?)	Барои чй?	[baroi ʧi:]

À quoi bon?	Барои чй?	[baroi ʧi:]
Comment?	Чй хел?	[ʧi: χel]
Quel? (à ~ prix?)	Кадом?	[kadom]
Lequel?	Чанд? Чандум?	[ʧand ʧandum]
À qui? (pour qui?)	Ба кй?	[ba ki:]
De qui?	Дар бораи кй?	[dar borai ki:]
De quoi?	Дар бораи чй?	[dar borai ʧi:]
Avec qui?	Бо кй?	[bo ki.]

Combien? (dénombr.)	Чанд-то?	[ʧand-to]
Combien? (indénombr.)	Чй қадар?	[ʧi: qadar]
À qui?	Аз они кй?	[az oni ki:]

4. Les prépositions

| avec (~ toi) | бо, ҳамроҳи | [bo], [hamrohi] |
| sans (~ sucre) | бе | [be] |

à (aller ~ …)	ба	[ba]
de (au sujet de)	дар бораи	[dar borai]
avant (~ midi)	пеш аз	[peʃ az]
devant (~ la maison)	дар пеши	[dar peʃi]

sous (~ la commode)	таги	[tagi]
au-dessus de …	дар болои	[dar boloi]
sur (dessus)	ба болои	[ba boloi]
de (venir ~ Paris)	аз	[az]
en (en bois, etc.)	аз	[az]

| dans (~ deux heures) | баъд аз | [ba'd az] |
| par dessus | аз болои … | [az boloi] |

5. Les mots-outils. Les adverbes. Partie 1

Où? (~ es-tu?)	Дар кучо?	[dar kudʒo]
ici (c'est ~)	ин чо	[in dʒo]
là-bas (c'est ~)	он чо	[on dʒo]

| quelque part (être) | дар кучое | [dar kudʒoe] |
| nulle part (adv) | дар хеч чо | [dar hedʒ dʒo] |

| près de … | дар назди … | [dar nazdi] |
| près de la fenêtre | дар назди тиреза | [dar nazdi tireza] |

Où? (~ vas-tu?)	Кучо?	[kudʒo]
ici (Venez ~)	ин чо	[in tʃo]
là-bas (j'irai ~)	ба он чо	[ba on dʒo]
d'ici (adv)	аз ин чо	[az in dʒo]
de là-bas (adv)	аз он чо	[az on dʒo]

| près (pas loin) | наздик | [nazdik] |
| loin (adv) | дур | [dur] |

près de (~ Paris)	дар бари	[dar bari]
tout près (adv)	бисёр наздик	[bisjor nazdik]
pas loin (adv)	наздик	[nazdik]

gauche (adj)	чап	[tʃap]
à gauche (être ~)	аз чап	[az tʃap]
à gauche (tournez ~)	ба тарафи чап	[ba tarafi tʃap]

droit (adj)	рост	[rost]
à droite (être ~)	аз рост	[az rost]
à droite (tournez ~)	ба тарафи рост	[ba tarafi rost]

devant (adv)	аз пеш	[az peʃ]
de devant (adj)	пешин	[peʃin]
en avant (adv)	ба пеш	[ba peʃ]

derrière (adv)	дар қафои	[dar qafoi]
par derrière (adv)	аз қафо	[az qafo]
en arrière (regarder ~)	ақиб	[aqib]
milieu (m)	миёна	[mijɔna]
au milieu (adv)	дар миёна	[dar mijɔna]
de côté (vue ~)	аз пахлу	[az pahlu]
partout (adv)	дар ҳар ҷо	[dar har dʒɔ]
autour (adv)	гирду атроф	[girdu atrɔf]
de l'intérieur	аз дарун	[az darun]
quelque part (aller)	ба ким-куҷо	[ba kim-kudʒɔ]
tout droit (adv)	миёнбур карда	[mijɔnbur karda]
en arrière (revenir ~)	ба ақиб	[ba aqib]
de quelque part (n'import d'où)	аз ягон ҷо	[az jagɔn dʒɔ]
de quelque part (on ne sait pas d'où)	аз як ҷо	[az jak dʒɔ]
premièrement (adv)	аввалан	[avvalan]
deuxièmement (adv)	дуюм	[dujum]
troisièmement (adv)	сеюм	[sejum]
soudain (adv)	ногоҳ, баногоҳ	[nogoh], [banogoh]
au début (adv)	дар аввал	[dar avval]
pour la première fois	якумин	[jakumin]
bien avant ...	хеле пеш	[xele peʃ]
de nouveau (adv)	аз нав	[az nav]
pour toujours (adv)	тамоман	[tamoman]
jamais (adv)	ҳеҷ гоҳ	[hedʒ goh]
de nouveau, encore (adv)	боз, аз дигар	[boz], [az digar]
maintenant (adv)	акнун	[aknun]
souvent (adv)	тез-тез	[tez-tez]
alors (adv)	он вақт	[on vaqt]
d'urgence (adv)	зуд, фавран	[zud], [favran]
d'habitude (adv)	одатан	[odatan]
à propos, ...	воқеан	[voqɑan]
c'est possible	шояд	[ʃojad]
probablement (adv)	эҳтимол	[ɛhtimol]
peut-être (adv)	эҳтимол, шояд	[ɛhtimol], [ʃojad]
en plus, ...	ғайр аз он	[ʁajr az on]
c'est pourquoi ...	бинобар ин	[binobar in]
malgré ...	ба ин нигоҳ накарда	[ba in nigoh nakarda]
grâce à ...	ба туфайли ...	[ba tufajli]
quoi (pron)	чӣ	[tʃiː]
que (conj)	ки	[ki]
quelque chose (Il m'est arrivé ~)	чизе	[tʃize]

quelque chose (peut-on faire ~)	ягон чиз	[jagon ʧiz]
rien (m)	ҳеҷ чиз	[heʤ ʧiz]
qui (pron)	кӣ	[ki:]
quelqu'un (on ne sait pas qui)	ким-кӣ	[kim-ki:]
quelqu'un (n'importe qui)	касе	[kase]
personne (pron)	ҳеҷ кас	[heʤ kas]
nulle part (aller ~)	ба ҳеҷ куҷо	[ba heʤ kuʤo]
de personne	бесоҳиб	[besohib]
de n'importe qui	аз они касе	[az oni kase]
comme ça (adv)	чунон	[ʧunon]
également (adv)	ҳам	[ham]
aussi (adv)	низ, ҳам	[niz], [ham]

6. Les mots-outils. Les adverbes. Partie 2

Pourquoi?	Барои чӣ?	[baroi ʧi:]
pour une certaine raison	бо ким-кадом сабаб	[bo kim-kadom sabab]
parce que …	зеро ки	[zero ki]
pour une raison quelconque	барои чизе	[baroi ʧize]
et (conj)	ва, … у, … ю	[va], [u], [ju]
ou (conj)	ё	[jɔ]
mais (conj)	аммо, лекин	[ammo], [lekin]
pour … (prep)	барои	[baroi]
trop (adv)	аз меъёр зиёд	[az meʼjɔr zijod]
seulement (adv)	фақат	[faqat]
précisément (adv)	айнан	[ajnan]
près de … (prep)	тақрибан	[taqriban]
approximativement	тақрибан	[taqriban]
approximatif (adj)	тақрибӣ	[taqribi:]
presque (adv)	қариб	[qarib]
reste (m)	боқимонда	[boqimonda]
l'autre (adj)	дигар	[digar]
autre (adj)	дигар	[digar]
chaque (adj)	ҳар	[har]
n'importe quel (adj)	ҳар	[har]
beaucoup (adv)	бисёр, хеле	[bisjɔr], [xele]
plusieurs (pron)	бисёриҳо	[bisjɔriho]
tous	ҳама	[hama]
en échange de …	ба ивази	[ba ivazi]
en échange (adv)	ба ивазаш	[ba ivazaʃ]

à la main (adv)	дастӣ	[dasti:]
peu probable (adj)	ба гумон	[ba gumon]
probablement (adv)	эҳтимол, шояд	[ehtimol], [ʃojad]
exprès (adv)	барқасд	[barqasd]
par accident (adv)	тасодуфан	[tasodufan]
très (adv)	хеле	[xele]
par exemple (adv)	масалан, чунончи	[masalan], [tʃunontʃi]
entre (prep)	дар байни	[dar bajni]
parmi (prep)	дар байни ...	[dar bajni]
autant (adv)	ин қадар	[in qadar]
surtout (adv)	хусусан	[xususan]

NOMBRES. DIVERS

T&P Books Publishing

zéro	сифр	[sifr]
un	як	[jak]
deux	ду	[du]
trois	се	[se]
quatre	чор, чаҳор	[ʧor], [ʧahor]

cinq	панҷ	[panʤ]
six	шаш	[ʃaʃ]
sept	ҳафт	[haft]
huit	ҳашт	[haʃt]
neuf	нуҳ	[nuh]

dix	даҳ	[dah]
onze	ёздаҳ	[jozdah]
douze	дувоздаҳ	[duvozdah]
treize	сездаҳ	[sezdah]
quatorze	чордаҳ	[ʧordah]

quinze	понздаҳ	[ponzdah]
seize	шонздаҳ	[ʃonzdah]
dix-sept	ҳафдаҳ	[hafdah]
dix-huit	ҳаждаҳ	[haʒdah]
dix-neuf	нуздаҳ	[nuzdah]

vingt	бист	[bist]
vingt et un	бисту як	[bistu jak]
vingt-deux	бисту ду	[bistu du]
vingt-trois	бисту се	[bistu se]

trente	сӣ	[si:]
trente et un	сию як	[siju jak]
trente-deux	сию ду	[siju du]
trente-trois	сию се	[siju se]

quarante	чил	[ʧil]
quarante et un	чилу як	[ʧilu jak]
quarante-deux	чилу ду	[ʧilu du]
quarante-trois	чилу се	[ʧilu se]

cinquante	панҷоҳ	[panʤoh]
cinquante et un	панҷоху як	[panʤohu jak]
cinquante-deux	панҷоху ду	[panʤohu du]
cinquante-trois	панҷоху се	[panʤohu se]
soixante	шаст	[ʃast]

soixante et un	шасту як	[ʃastu jak]
soixante-deux	шасту ду	[ʃastu du]
soixante-trois	шасту се	[ʃastu se]

soixante-dix	ҳафтод	[haftod]
soixante et onze	ҳафтоду як	[haftodu jak]
soixante-douze	ҳафтоду ду	[haftodu du]
soixante-treize	ҳафтоду се	[haftodu se]

quatre-vingts	ҳаштод	[haʃtod]
quatre-vingt et un	ҳаштоду як	[haʃtodu jak]
quatre-vingt deux	ҳаштоду ду	[haʃtodu du]
quatre-vingt trois	ҳаштоду се	[haʃtodu se]

quatre-vingt-dix	навад	[navad]
quatre-vingt et onze	наваду як	[navadu jak]
quatre-vingt-douze	наваду ду	[navadu du]
quatre-vingt-treize	наваду се	[navadu se]

8. Les nombres cardinaux. Partie 2

cent	сад	[sad]
deux cents	дусад	[dusad]
trois cents	сесад	[sesad]
quatre cents	чорсад, чаҳорсад	[tʃorsad], [tʃahorsad]
cinq cents	панҷсад	[pandʒsad]

six cents	шашсад	[ʃaʃsad]
sept cents	ҳафтсад	[haftsad]
huit cents	ҳаштсад	[haʃtsad]
neuf cents	нӯҳсадум	[nœhsadum]

mille	ҳазор	[hazor]
deux mille	ду ҳазор	[du hazor]
trois mille	се ҳазор	[se hazor]
dix mille	даҳ ҳазор	[dah hazor]
cent mille	сад ҳазор	[sad hazor]
million (m)	миллион	[million]
milliard (m)	миллиард	[milliard]

9. Les nombres ordinaux

premier (adj)	якум	[jakum]
deuxième (adj)	дуюм	[dujum]
troisième (adj)	сеюм	[sejum]
quatrième (adj)	чорум	[tʃorum]
cinquième (adj)	панҷум	[pandʒum]
sixième (adj)	шашум	[ʃaʃum]

septième (adj)	**ҳафтум**	[haftum]
huitième (adj)	**ҳаштум**	[haʃtum]
neuvième (adj)	**нӯҳум**	[nœhum]
dixième (adj)	**даҳӯм**	[dahœm]

T&P BOOKS

LES COULEURS.
LES UNITÉS DE MESURE

T&P Books Publishing

couleur (f)	ранг	[rang]
teinte (f)	тобиш	[tobiʃ]
ton (m)	тобиш, лавн	[tobiʃ], [lavn]
arc-en-ciel (m)	рангинкамон	[ranginkamon]
blanc (adj)	сафед	[safed]
noir (adj)	сиёҳ	[sijɔh]
gris (adj)	адкан	[adkan]
vert (adj)	сабз, кабуд	[sabz], [kabud]
jaune (adj)	зард	[zard]
rouge (adj)	сурх, арғувонӣ	[surχ], [arʁuvoni:]
bleu (adj)	кабуд	[kabud]
bleu clair (adj)	осмонӣ	[osmoni:]
rose (adj)	гулобӣ	[gulobi:]
orange (adj)	норанчӣ	[norandʒi:]
violet (adj)	бунафш	[bunafʃ]
brun (adj)	қаҳвагӣ	[qahvagi:]
d'or (adj)	тиллоранг	[tillorang]
argenté (adj)	нуқрафом	[nuqrafom]
beige (adj)	каҳваранг	[kahvarang]
crème (adj)	зардтоб	[zardtob]
turquoise (adj)	фирӯзаранг	[firœzarang]
rouge cerise (adj)	олуболугӣ	[olubolugi:]
lilas (adj)	бунафш, нофармон	[bunafʃ], [nofarmon]
framboise (adj)	сурхи сиехтоб	[surχi siehtob]
clair (adj)	кушод	[kuʃod]
foncé (adj)	торик	[torik]
vif (adj)	тоза	[toza]
de couleur (adj)	ранга	[ranga]
en couleurs (adj)	ранга	[ranga]
noir et blanc (adj)	сиёҳу сафед	[sijɔhu safed]
unicolore (adj)	якранга	[jakranga]
multicolore (adj)	рангоранг	[rangorang]

poids (m)	вазн	[vazn]
longueur (f)	дарозӣ	[darozi:]

largeur (f)	арз	[arz]
hauteur (f)	баландй	[balandi:]
profondeur (f)	чукурй	[tʃuquri:]
volume (m)	ҳаҷм	[hadʒm]
aire (f)	масоҳат	[masohat]

gramme (m)	грам	[gram]
milligramme (m)	миллиграмм	[milligramm]
kilogramme (m)	килограмм	[kilogramm]
tonne (f)	тонна	[tonna]
livre (f)	қадоқ	[qadoq]
once (f)	вақия	[vaqija]

mètre (m)	метр	[metr]
millimètre (m)	миллиметр	[millimetr]
centimètre (m)	сантиметр	[santimetr]
kilomètre (m)	километр	[kilometr]
mille (m)	мил	[mil]

| pied (m) | фут | [fut] |
| yard (m) | ярд | [jard] |

| mètre (m) carré | метри квадратй | [metri kvadrati:] |
| hectare (m) | гектар | [gektar] |

litre (m)	литр	[litr]
degré (m)	дараҷа	[daradʒa]
volt (m)	волт	[volt]
ampère (m)	ампер	[amper]
cheval-vapeur (m)	қувваи асп	[quvvai asp]

quantité (f)	миқдор	[miqdor]
un peu de ...	камтар	[kamtar]
moitié (f)	нисф	[nisf]
pièce (f)	дона	[dona]

| dimension (f) | ҳаҷм | [hadʒm] |
| échelle (f) (de la carte) | масштаб | [masʃtab] |

minimal (adj)	камтарин	[kamtarin]
le plus petit (adj)	хурдтарин	[xurdtarin]
moyen (adj)	миёна	[mijona]
maximal (adj)	ниҳоят калон	[nihojat kalon]
le plus grand (adj)	калонтарин	[kalontarin]

12. Les récipients

bocal (m) en verre	банкаи шишагй	[bankai ʃiʃagi:]
boîte, canette (f)	банкаи тунукагй	[bankai tunukagi:]
seau (m)	сатил	[satil]

tonneau (m)	**бочка, чалак**	[botʃka], [tʃalak]
bassine, cuvette (f)	**тағора**	[taʁora]
cuve (f)	**бак, чалак**	[bak], [tʃalak]
flasque (f)	**обдон**	[obdon]
jerrican (m)	**канистра**	[kanistra]
citerne (f)	**систерна**	[sisterna]
tasse (f), mug (m)	**кружка, дӯлча**	[kruʒka], [dœltʃa]
tasse (f)	**косача**	[kosatʃa]
soucoupe (f)	**тақсимӣ, тақсимича**	[taqsimi:], [taqsimitʃa]
verre (m) (~ d'eau)	**стакан**	[stakan]
verre (m) à vin	**бокал**	[bokal]
faitout (m)	**дегча**	[degtʃa]
bouteille (f)	**шиша, сурохӣ**	[ʃiʃa], [surohi:]
goulot (m)	**даҳани шиша**	[dahani ʃiʃa]
carafe (f)	**сурохӣ**	[surohi:]
pichet (m)	**кӯза**	[kœza]
récipient (m)	**зарф**	[zarf]
pot (m)	**хурмача**	[χurmatʃa]
vase (m)	**гулдон**	[guldon]
flacon (m)	**шиша**	[ʃiʃa]
fiole (f)	**ҳубобча**	[hubobtʃa]
tube (m)	**лӯлача**	[lœlatʃa]
sac (m) (grand ~)	**халта**	[χalta]
sac (m) (~ en plastique)	**халта**	[χalta]
paquet (m) (~ de cigarettes)	**қуттӣ**	[qutti:]
boîte (f)	**қуттӣ**	[qutti:]
caisse (f)	**қуттӣ**	[qutti:]
panier (m)	**сабад**	[sabad]

LES VERBES
LES PLUS IMPORTANTS

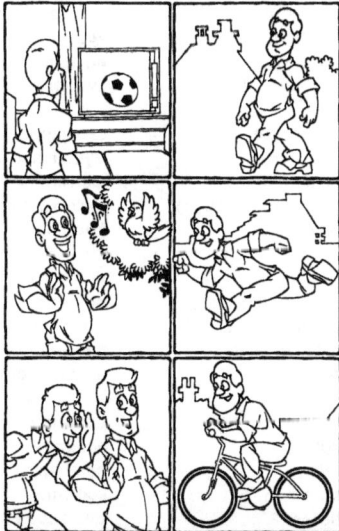

T&P Books Publishing

aider (vt)	кумак кардан	[kumak kardan]
aimer (qn)	дӯст доштан	[dœst doʃtan]
aller (à pied)	рафтан	[raftan]
apercevoir (vt)	дида мондан	[dida mondan]
appartenir à …	таалуқ доштан	[taaluq doʃtan]

appeler (au secours)	чеғ задан	[dʒeʁ zadan]
attendre (vt)	поидан	[poidan]
attraper (vt)	доштан	[doʃtan]
avertir (vt)	танбеҳ додан	[tanbeh dodan]

avoir (vt)	доштан	[doʃtan]
avoir confiance	бовар кардан	[bovar kardan]
avoir faim	хӯрок хостан	[xœrok xostan]

avoir peur	тарсидан	[tarsidan]
avoir soif	об хостан	[ob xostan]
cacher (vt)	пинҳон кардан	[pinhon kardan]
casser (briser)	шикастан	[ʃikastan]
cesser (vt)	бас кардан	[bas kardan]

changer (vt)	иваз кардан	[ivaz kardan]
chasser (animaux)	шикор кардан	[ʃikor kardan]
chercher (vt)	ҷустан	[dʒustan]
choisir (vt)	интихоб кардан	[intixob kardan]
commander (~ le menu)	супоридан	[suporidan]

commencer (vt)	сар кардан	[sar kardan]
comparer (vt)	муқоиса кардан	[muqoisa kardan]
comprendre (vt)	фаҳмидан	[fahmidan]
compter (dénombrer)	ҳисоб кардан	[hisob kardan]
compter sur …	умед бастан	[umed bastan]

confondre (vt)	иштибоҳ кардан	[iʃtiboh kardan]
connaître (qn)	донистан	[donistan]
conseiller (vt)	маслиҳат додан	[maslihat dodan]
continuer (vt)	давомат кардан	[davomat kardan]
contrôler (vt)	назорат кардан	[nazorat kardan]

courir (vi)	давидан	[davidan]
coûter (vt)	арзидан	[arzidan]
créer (vt)	офаридан	[ofaridan]
creuser (vt)	кофтан	[koftan]
crier (vi)	дод задан	[dod zadan]

14. Les verbes les plus importants. Partie 2

décorer (~ la maison)	оростан	[orostan]
défendre (vt)	муҳофиза кардан	[muhofiza kardan]
déjeuner (vi)	хӯроки пешин хӯрдан	[xœroki peʃin xœrdan]
demander (~ l'heure)	пурсидан	[pursidan]
demander (de faire qch)	пурсидан	[pursidan]
descendre (vi)	фуромадан	[furomadan]
deviner (vt)	ёфтан	[jɔftan]
dîner (vi)	хӯроки шом хӯрдан	[xœroki ʃom xœrdan]
dire (vt)	гуфтан	[guftan]
diriger (~ une usine)	сардорӣ кардан	[sardori: kardan]
discuter (vt)	муҳокима кардан	[muhokima kardan]
donner (vt)	додан	[dodan]
donner un indice	луқма додан	[luqma dodan]
douter (vt)	шак доштан	[ʃak doʃtan]
écrire (vt)	навиштан	[naviʃtan]
entendre (bruit, etc.)	шунидан	[ʃunidan]
entrer (vi)	даромадан	[daromadan]
envoyer (vt)	ирсол кардан	[irsol kardan]
espérer (vi)	умед доштан	[umed doʃtan]
essayer (vt)	озмоиш кардан	[ozmoiʃ kardan]
être (vi)	будан	[budan]
être d'accord	розигӣ додан	[rozigi: dodan]
être nécessaire	даркор будан	[darkor budan]
être pressé	шитоб кардан	[ʃitob kardan]
étudier (vt)	омӯхтан	[omœxtan]
excuser (vt)	афв кардан	[afv kardan]
exiger (vt)	талаб кардан	[talab kardan]
exister (vi)	зиндагӣ кардан	[zindagi: kardan]
expliquer (vt)	шарҳ додан	[ʃarh dodan]
faire (vt)	кардан	[kardan]
faire tomber	афтондан	[aftondan]
finir (vt)	тамом кардан	[tamom kardan]
garder (conserver)	нигоҳ доштан	[nigoh doʃtan]
gronder, réprimander (vt)	дашном додан	[daʃnom dodan]
informer (vt)	ахборот додан	[axborot dodan]
insister (vi)	сахт истодан	[saxt istodan]
insulter (vt)	таҳқир кардан	[tahqir kardan]
inviter (vt)	даъват кардан	[da'vat kardan]
jouer (s'amuser)	бозӣ кардан	[bozi: kardan]

15. Les verbes les plus importants. Partie 3

libérer (ville, etc.)	озод кардан	[ozod kardan]
lire (vi, vt)	хондан	[xondan]
louer (prendre en location)	ба ичора гирифтан	[ba idʒora giriftan]
manquer (l'école)	набудан	[nabudan]
menacer (vt)	дӯғ задан	[dœʁ zadan]
mentionner (vt)	гуфта гузаштан	[gufta guzaʃtan]
montrer (vt)	нишон додан	[niʃon dodan]
nager (vi)	шино кардан	[ʃino kardan]
objecter (vt)	зид баромадан	[zid baromadan]
observer (vt)	назорат кардан	[nazorat kardan]
ordonner (mil.)	фармон додан	[farmon dodan]
oublier (vt)	фаромӯш кардан	[faromœʃ kardan]
ouvrir (vt)	кушодан	[kuʃodan]
pardonner (vt)	бахшидан	[baxʃidan]
parler (vi, vt)	гап задан	[gap zadan]
participer à …	иштирок кардан	[iʃtirok kardan]
payer (régler)	пул додан	[pul dodan]
penser (vi, vt)	фикр кардан	[fikr kardan]
permettre (vt)	ичозат додан	[idʒozat dodan]
plaire (être apprécié)	форидан	[foridan]
plaisanter (vi)	шӯхӣ кардан	[ʃœxi: kardan]
planifier (vt)	нақша кашидан	[naqʃa kaʃidan]
pleurer (vi)	гиря кардан	[girja kardan]
posséder (vt)	соҳиб будан	[sohib budan]
pouvoir (v aux)	тавонистан	[tavonistan]
préférer (vt)	бехтар донистан	[bextar donistan]
prendre (vt)	гирифтан	[giriftan]
prendre en note	навиштан	[naviʃtan]
prendre le petit déjeuner	ноништа кардан	[noniʃta kardan]
préparer (le dîner)	пухтан	[puxtan]
prévoir (vt)	пешбинӣ кардан	[peʃbini: kardan]
prier (~ Dieu)	намоз хондан	[namoz xondan]
promettre (vt)	ваъда додан	[va'da dodan]
prononcer (vt)	талаффуз кардан	[talaffuz kardan]
proposer (vt)	таклиф кардан	[taklif kardan]
punir (vt)	чазо додан	[dʒazo dodan]

16. Les verbes les plus importants. Partie 4

recommander (vt)	маслиҳат додан	[maslihat dodan]
regretter (vt)	таассуф хӯрдан	[taassuf xœrdan]

répéter (dire encore)	такрор кардан	[takror kardan]
répondre (vi, vt)	ҷавоб додан	[dʒavob dodan]
réserver (une chambre)	нигоҳ доштан	[nigoh doʃtan]

rester silencieux	хомӯш будан	[xomœʃ budan]
réunir (regrouper)	якҷоя кардан	[jakdʒoja kardan]
rire (vi)	хандидан	[xandidan]
s'arrêter (vp)	истодан	[istodan]
s'asseoir (vp)	нишастан	[niʃastan]

sauver (la vie à qn)	наҷот додан	[nadʒot dodan]
savoir (qch)	донистан	[donistan]
se baigner (vp)	оббозӣ кардан	[obbozi: kardan]
se plaindre (vp)	шикоят кардан	[ʃikojat kardan]
se refuser (vp)	рад кардан	[rad kardan]

se tromper (vp)	хато кардан	[xato kardan]
se vanter (vp)	худситой кардан	[xudsitoi: kardan]
s'étonner (vp)	ба ҳайрат афтодан	[ba hajrat aftodan]
s'excuser (vp)	узр пурсидан	[uzr pursidan]
signer (vt)	имзо кардан	[imzo kardan]

signifier (vt)	маъно доштан	[ma'no doʃtan]
s'intéresser (vp)	ҳавас кардан	[havas kardan]
sortir (aller dehors)	баромадан	[baromadan]
sourire (vi)	табассум кардан	[tabassum kardan]
sous-estimer (vt)	хунукназарӣ кардан	[xunuknazari: kardan]

suivre … (suivez-moi)	рафтан	[raftan]
tirer (vi)	тир задан	[tir zadan]
tomber (vi)	афтодан	[aftodan]
toucher (avec les mains)	даст расондан	[dast rasondan]
tourner (~ à gauche)	гардонидан	[gardonidan]

traduire (vt)	тарҷума кардан	[tardʒuma kardan]
travailler (vi)	кор кардан	[kor kardan]
tromper (vt)	фирефтан	[fireftan]
trouver (vt)	ёфтан	[joftan]
tuer (vt)	куштан	[kuʃtan]
vendre (vt)	фурӯхтан	[furœxtan]

venir (vi)	расидан	[rasidan]
voir (vt)	дидан	[didan]
voler (avion, oiseau)	паридан	[paridan]
voler (qch à qn)	дуздидан	[duzdidan]
vouloir (vt)	хостан	[xostan]

T&P BOOKS

LA NOTION DE TEMPS.
LE CALENDRIER

T&P Books Publishing

17. Les jours de la semaine

lundi (m)	душанбе	[duʃanbe]
mardi (m)	сешанбе	[seʃanbe]
mercredi (m)	чоршанбе	[tʃorʃanbe]
jeudi (m)	панчшанбе	[pandʒʃanbe]
vendredi (m)	чумъа	[dʒum'a]
samedi (m)	шанбе	[ʃanbe]
dimanche (m)	якшанбе	[jakʃanbe]
aujourd'hui (adv)	имрӯз	[imrœz]
demain (adv)	пагоҳ, фардо	[pagoh], [fardo]
après-demain (adv)	пасфардо	[pasfardo]
hier (adv)	дирӯз, дина	[dirœz], [dina]
avant-hier (adv)	парирӯз	[parirœz]
jour (m)	рӯз	[rœz]
jour (m) ouvrable	рӯзи кор	[rœzi kor]
jour (m) férié	рӯзи ид	[rœzi id]
jour (m) de repos	рӯзи истироҳат	[rœzi istirohat]
week-end (m)	рӯзҳои истироҳат	[rœzhoi istirohat]
toute la journée	тамоми рӯз	[tamomi rœz]
le lendemain	рӯзи дигар	[rœzi digar]
il y a 2 jours	ду рӯз пеш	[du rœz peʃ]
la veille	як рӯз пеш	[jak rœz peʃ]
quotidien (adj)	харрӯза	[harrœza]
tous les jours	хар рӯз	[har rœz]
semaine (f)	хафта	[hafta]
la semaine dernière	хафтаи гузашта	[haftai guzaʃta]
la semaine prochaine	хафтаи оянда	[haftai ojanda]
hebdomadaire (adj)	хафтаина	[haftaina]
chaque semaine	хар хафта	[har hafta]
2 fois par semaine	хафтае ду маротиба	[haftae du marotiba]
tous les mardis	хар сешанбе	[har seʃanbe]

18. Les heures. Le jour et la nuit

matin (m)	пагоҳӣ	[pagohi:]
le matin	пагоҳирӯзӣ	[pagohirœzi:]
midi (m)	нисфи рӯз	[nisfi rœz]
dans l'après-midi	баъди пешин	[ba'di peʃin]
soir (m)	бегоҳ, бегоҳирӯз	[begoh], [begohirœz]

le soir	бегоҳӣ, бегоҳирӯзӣ	[begohi:], [begohirœzi:]
nuit (f)	шаб	[ʃab]
la nuit	шабона	[ʃabona]
minuit (f)	нисфи шаб	[nisfi ʃab]

seconde (f)	сония	[sonija]
minute (f)	дақиқа	[daqiqa]
heure (f)	соат	[soat]
demi-heure (f)	нимсоат	[nimsoat]
un quart d'heure	чоряки соат	[tʃorjaki soat]
quinze minutes	понздаҳ дақиқа	[ponzdah daqiqa]
vingt-quatre heures	шабонарӯз	[ʃabonarœz]

lever (m) du soleil	тулӯъ	[tulœ']
aube (f)	субҳидам	[subhidam]
point (m) du jour	субҳи барвақт	[subhi barvaqt]
coucher (m) du soleil	ғуруби офтоб	[ʁurubi oftob]

tôt le matin	субҳи барвақт	[subhi barvaqt]
ce matin	имрӯз пагоҳӣ	[imrœz pagohi:]
demain matin	пагоҳ саҳарӣ	[pagoh sahari:]

cet après-midi	имрӯз	[imrœz]
dans l'après-midi	баъди пешин	[ba'di peʃin]
demain après-midi	пагоҳ баъди пешин	[pagoh ba'di peʃin]

| ce soir | ҳамин бегоҳ | [hamin begoh] |
| demain soir | фардо бегоҳӣ | [fardo begohi:] |

à 3 heures précises	расо соати се	[raso soati se]
autour de 4 heures	наздикии соати чор	[nazdiki:i soati tʃor]
vers midi	соатҳои дувоздаҳ	[soathoi duvozdah]

dans 20 minutes	баъд аз бист дақиқа	[ba'd az bist daqiqa]
dans une heure	баъд аз як соат	[ba'd az jak soat]
à temps	дар вақташ	[dar vaqtaʃ]

… moins le quart	понздаҳто кам	[ponzdahto kam]
en une heure	дар давоми як соат	[dar davomi jak soat]
tous les quarts d'heure	ҳар понздаҳ дақиқа	[har ponzdah daqiqa]
24 heures sur 24	шабу рӯз	[ʃabu rœz]

19. Les mois. Les saisons

janvier (m)	январ	[janvar]
février (m)	феврал	[fevral]
mars (m)	март	[mart]
avril (m)	апрел	[aprel]
mai (m)	май	[maj]
juin (m)	июн	[ijun]

juillet (m)	июл	[ijul]
août (m)	август	[avgust]
septembre (m)	сентябр	[sentjabr]
octobre (m)	октябр	[oktjabr]
novembre (m)	ноябр	[nojabr]
décembre (m)	декабр	[dekabr]
printemps (m)	баҳор, баҳорон	[bahor], [bahoron]
au printemps	дар фасли баҳор	[dar fasli bahor]
de printemps (adj)	баҳорӣ	[bahori:]
été (m)	тобистон	[tobiston]
en été	дар тобистон	[dar tobiston]
d'été (adj)	тобистона	[tobistona]
automne (m)	тирамоҳ	[tiramoh]
en automne	дар тирамоҳ	[dar tiramoh]
d'automne (adj)	… и тирамоҳ	[i tiramoh]
hiver (m)	зимистон	[zimiston]
en hiver	дар зимистон	[dar zimiston]
d'hiver (adj)	зимистонӣ,	[zimistoni:],
	… и зимистон	[i zimiston]
mois (m)	моҳ	[moh]
ce mois	ҳамин моҳ	[hamin moh]
le mois prochain	дар моҳи оянда	[dar mohi ojanda]
le mois dernier	дар моҳи гузашта	[dar mohi guzaʃta]
il y a un mois	як моҳ пеш	[jak moh peʃ]
dans un mois	баъд аз як моҳ	[ba'd az jak moh]
dans 2 mois	баъд аз ду моҳ	[ba'd az du moh]
tout le mois	тамоми моҳ	[tamomi moh]
tout un mois	тамоми моҳ	[tamomi moh]
mensuel (adj)	ҳармоҳа	[harmoha]
mensuellement	ҳар моҳ	[har moh]
chaque mois	ҳар моҳ	[har moh]
2 fois par mois	ду маротиба дар як моҳ	[du marotiba dar jak moh]
année (f)	сол	[sol]
cette année	ҳамин сол	[hamin sol]
l'année prochaine	соли оянда	[soli ojanda]
l'année dernière	соли гузашта	[soli guzaʃta]
il y a un an	як сол пеш	[jak sol peʃ]
dans un an	баъд аз як сол	[ba'd az jak sol]
dans 2 ans	баъд аз ду сол	[ba'd az du sol]
toute l'année	тамоми сол	[tamomi sol]
toute une année	як соли пурра	[jak soli purra]
chaque année	ҳар сол	[har sol]
annuel (adj)	ҳарсола	[harsola]

annuellement	хар сол	[har sol]
4 fois par an	чор маротиба	[tʃor marotiba
	дар як сол	dar jak sol]
date (f) (jour du mois)	таърих, рӯз	[ta'riχ], [rœz]
date (f) (~ mémorable)	сана	[sana]
calendrier (m)	тақвим, солнома	[taqvim], [solnoma]
six mois	ним сол	[nim sol]
semestre (m)	нимсола	[nimsola]
saison (f)	фасл	[fasl]
siècle (m)	аср	[asr]

T&P BOOKS

LES VOYAGES. L'HÔTEL

USD CAD
EUR CHF
JPY HKD
GBP CNY

RECEPTION

T&P Books Publishing

tourisme (m)	туризм, саёхат	[turizm], [sajɔχat]
touriste (m)	саёҳатчй	[sajɔhattʃiː]
voyage (m) (à l'étranger)	саёҳат	[sajɔhat]
aventure (f)	саргузашт	[sarguzaʃt]
voyage (m)	сафар	[safar]
vacances (f pl)	рухсатй	[ruχsatiː]
être en vacances	дар рухсатй будан	[dar ruχsatiː budan]
repos (m) (jours de ~)	истироҳат	[istirohat]
train (m)	поезд, қатор	[poezd], [qator]
en train	бо қатора	[bo qatora]
avion (m)	ҳавопаймо	[havopajmo]
en avion	бо ҳавопаймо	[bo havopajmo]
en voiture	бо мошин	[bo moʃin]
en bateau	бо киштй	[bo kiʃtiː]
bagage (m)	баѓоч, бор	[baʁodʒ], [bor]
malle (f)	чомадон	[dʒomadon]
chariot (m)	аробаи боѓочкашй	[arobai boʁotʃkaʃiː]
passeport (m)	шиноснома	[ʃinosnoma]
visa (m)	виза	[viza]
ticket (m)	билет	[bilet]
billet (m) d'avion	чиптаи ҳавопаймо	[tʃiptai havopajmo]
guide (m) (livre)	роҳнома	[rohnoma]
carte (f)	харита	[χarita]
région (f) (~ rurale)	чой, маҳал	[dʒoj], [mahal]
endroit (m)	чой	[dʒoj]
exotisme (m)	ѓароибот	[ʁaroibot]
exotique (adj)	... и ѓароиб	[i ʁaroib]
étonnant (adj)	ҳайратангез	[hajratangez]
groupe (m)	гурӯҳ	[gurœh]
excursion (f)	экскурсия, саёхат	[ɛkskursija], [sajɔhat]
guide (m) (personne)	роҳбари экскурсия	[rohbari ɛkskursija]

| hôtel (m) | меҳмонхона | [mehmonχona] |
| motel (m) | меҳмонхона | [mehmonχona] |

3 étoiles	се ситорадор	[se sitorador]
5 étoiles	панҷ ситорадор	[pandʒ sitorador]
descendre (à l'hôtel)	фуромадан	[furomadan]
chambre (f)	ҳуҷра	[hudʒra]
chambre (f) simple	ҳуҷраи якнафара	[hudʒrai jaknafara]
chambre (f) double	ҳуҷраи дунафара	[hudʒrai dunafara]
réserver une chambre	банд кардани ҳуҷра	[band kardani hudʒra]
demi-pension (f)	бо нимтаъминот	[bo nimta'minot]
pension (f) complète	бо таъминоти пурра	[bo ta'minoti purra]
avec une salle de bain	ваннадор	[vannador]
avec une douche	душдор	[duʃdor]
télévision (f) par satellite	телевизиони спутникй	[televizioni sputniki:]
climatiseur (m)	кондитсионер	[konditsioner]
serviette (f)	сачоқ	[satʃoq]
clé (f)	калид	[kalid]
administrateur (m)	маъмур, мудир	[ma'mur], [mudir]
femme (f) de chambre	пешхизмат	[peʃχizmat]
porteur (m)	ҳаммол	[hammol]
portier (m)	дарбони меҳмонхона	[darboni mehmonχona]
restaurant (m)	тарабхона	[tarabχona]
bar (m)	бар	[bar]
petit déjeuner (m)	ноништа	[noniʃta]
dîner (m)	шом	[ʃom]
buffet (m)	мизи шведй	[mizi ʃvedi:]
hall (m)	миёнсарой	[mijonsaroj]
ascenseur (m)	лифт	[lift]
PRIÈRE DE NE PAS DÉRANGER	ХАЛАЛ НАРАСОНЕД	[χalal narasoned]
DÉFENSE DE FUMER	ТАМОКУ НАКАШЕД!	[tamoku nakaʃed]

22. Le tourisme

monument (m)	ҳайкал	[hajkal]
forteresse (f)	ҳисор	[hisor]
palais (m)	қаср	[qasr]
château (m)	кӯшк	[kœʃk]
tour (f)	манора, бурҷ	[manora], [burdʒ]
mausolée (m)	мавзолей, мақбара	[mavzolej], [maqbara]
architecture (f)	меъморй	[me'mori:]
médiéval (adj)	асримиёнагй	[asrimijɔnagi:]
ancien (adj)	қадим	[qadim]
national (adj)	миллй	[milli:]

connu (adj)	маъруф	[ma'ruf]
touriste (m)	саёхатчй	[sajɔhattʃiː]
guide (m) (personne)	рохбалад	[rohbalad]
excursion (f)	экскурсия	[ɛkskursija]
montrer (vt)	нишон додан	[niʃon dodan]
raconter (une histoire)	нақл кардан	[naql kardan]
trouver (vt)	ёфтан	[jɔftan]
se perdre (vp)	рох гум кардан	[roh gum kardan]
plan (m) (du metro, etc.)	накша	[nakʃa]
carte (f) (de la ville, etc.)	нақша	[naqʃa]
souvenir (m)	тӯхфа	[tœhfa]
boutique (f) de souvenirs	магозаи тухфахо	[maʁozai tuhfaho]
prendre en photo	сурат гирифтан	[surat giriftan]
se faire prendre en photo	сурати худро гирондан	[surati χudro girondan]

LES TRANSPORTS

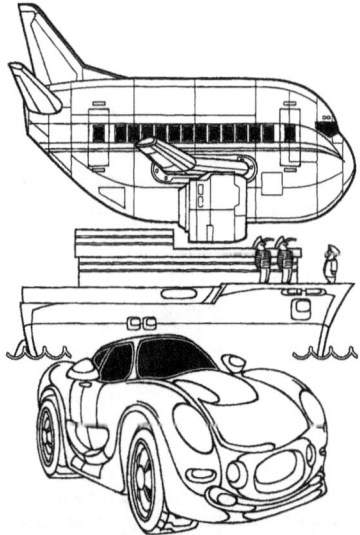

T&P Books Publishing

aéroport (m)	аэропорт	[aɛroport]
avion (m)	ҳавопаймо	[havopajmo]
compagnie (f) aérienne	ширкати ҳавопаймой	[ʃirkati havopajmoi:]
contrôleur (m) aérien	диспечер	[dispetʃer]
départ (m)	парвоз	[parvoz]
arrivée (f)	парида омадан	[parida omadan]
arriver (par avion)	парида омадан	[parida omadan]
temps (m) de départ	вақти паридан	[vaqti paridan]
temps (m) d'arrivée	вақти шиштан	[vaqti ʃiʃtan]
être retardé	боздоштан	[bozdoʃtan]
retard (m) de l'avion	боздоштани парвоз	[bozdoʃtani parvoz]
tableau (m) d'informations	тахтаи ахборот	[taχtai aχborot]
information (f)	ахборот	[aχborot]
annoncer (vt)	эълон кардан	[ɛ'lon kardan]
vol (m)	сафар, рейс	[safar], [rejs]
douane (f)	гумрукхона	[gumrukχona]
douanier (m)	гумрукчй	[gumruktʃi:]
déclaration (f) de douane	декларатсияи гумрукй	[deklaratsijai gumruki:]
remplir (vt)	пур кардан	[pur kardan]
remplir la déclaration	пур кардани декларатсия	[pur kardani deklaratsija]
contrôle (m) de passeport	назорати шиноснома	[nazorati ʃinosnoma]
bagage (m)	баrоч, бор	[baʁodʒ], [bor]
bagage (m) à main	бори дастй	[bori dasti:]
chariot (m)	аробаи боrочкашй	[arobai boʁotʃkaʃi:]
atterrissage (m)	фуруд	[furud]
piste (f) d'atterrissage	хати нишаст	[χati niʃast]
atterrir (vi)	нишастан	[niʃastan]
escalier (m) d'avion	зинапояи киштй	[zinapojai kiʃti:]
enregistrement (m)	баќайдгирй	[baqajdgiri:]
comptoir (m) d'enregistrement	қатори баќайдгирй	[qatori baqajdgiri:]
s'enregistrer (vp)	қайд кунондан	[qajd kunondan]
carte (f) d'embarquement	талони саворшавй	[taloni savorʃavi:]
porte (f) d'embarquement	баромадан	[baromadan]

transit (m)	транзит	[tranzit]
attendre (vt)	поидан	[poidan]
salle (f) d'attente	толори интизорй	[tolori intizori:]
raccompagner	гусел кардан	[gusel kardan]
(à l'aéroport, etc.)		
dire au revoir	падруд гуфтан	[padrud guftan]

24. L'avion

avion (m)	ҳавопаймо	[havopajmo]
billet (m) d'avion	чиптаи ҳавопаймо	[ʧiptai havopajmo]
compagnie (f) aérienne	ширкати ҳавопаймой	[ʃirkati havopajmoi:]
aéroport (m)	аэропорт	[aɛroport]
supersonique (adj)	фавқуссадо	[favqussado]

commandant (m) de bord	фармондеҳи киштй	[farmondehi kiʃti:]
équipage (m)	экипаж	[ɛkipaʒ]
pilote (m)	сарнишин	[sarniʃin]
hôtesse (f) de l'air	стюардесса	[stjuardessa]
navigateur (m)	штурман	[ʃturman]

ailes (f pl)	қанот	[qanot]
queue (f)	дум	[dum]
cabine (f)	кабина	[kabina]
moteur (m)	муҳаррик	[muharrik]
train (m) d'atterrissage	шассй	[ʃassi:]
turbine (f)	турбина	[turbina]

hélice (f)	пропеллер	[propeller]
boîte (f) noire	қуттии сиёҳ	[qutti:i sijɔh]
gouvernail (m)	суккон	[sukkon]
carburant (m)	сӯзишворй	[sœziʃvori:]

consigne (f) de sécurité	дастурамали бехатарй	[dasturamali beҳatari:]
masque (m) à oxygène	ниқоби ҳавои тоза	[niqobi havoi toza]
uniforme (m)	либоси расмй	[libosi rasmi:]
gilet (m) de sauvetage	камзӯли наҷотдиҳанда	[kamzœli naʤotdihanda]
parachute (m)	парашют	[paraʃjut]

décollage (m)	парвоз	[parvoz]
décoller (vi)	парвоз кардан	[parvoz kardan]
piste (f) de décollage	хати парвоз	[ҳati parvoz]

visibilité (f)	софии ҳаво	[sofi:i havo]
vol (m) (~ d'oiseau)	парвоз	[parvoz]
altitude (f)	баландй	[balandi:]
trou (m) d'air	чоҳи ҳаво	[ʧohi havo]

| place (f) | ҷой | [ʤoj] |
| écouteurs (m pl) | гӯшак, гӯшпӯшак | [gœʃak], [gœʃpœʃak] |

tablette (f)	мизчаи вошаванда	[miztʃai voʃavanda]
hublot (m)	иллюминатор	[illjuminator]
couloir (m)	гузаргох	[guzargoh]

25. Le train

train (m)	поезд, қатор	[poezd], [qator]
train (m) de banlieue	қатораи барқӣ	[qatorai barqi:]
TGV (m)	қатораи тезгард	[qatorai tezgard]
locomotive (f) diesel	тепловоз	[teplovoz]
locomotive (f) à vapeur	паровоз	[parovoz]

| wagon (m) | вагон | [vagon] |
| wagon-restaurant (m) | вагон-ресторан | [vagon-restoran] |

rails (m pl)	релсхо	[relsho]
chemin (m) de fer	роҳи оҳан	[rohi ohan]
traverse (f)	шпала	[ʃpala]

quai (m)	платформа	[platforma]
voie (f)	роҳ	[roh]
sémaphore (m)	семафор	[semafor]
station (f)	истгоҳ	[istgoh]

conducteur (m) de train	мошинист	[moʃinist]
porteur (m)	ҳаммол	[hammol]
steward (m)	роҳбалад	[rohbalad]
passager (m)	мусофир	[musofir]
contrôleur (m) de billets	нозир	[nozir]

| couloir (m) | коридор | [koridor] |
| frein (m) d'urgence | стоп-кран | [stop-kran] |

compartiment (m)	купе	[kupe]
couchette (f)	кат	[kat]
couchette (f) d'en haut	кати боло	[kati bolo]
couchette (f) d'en bas	кати поён	[kati pojon]
linge (m) de lit	чилдхои болишту бистар	[dʒildhoi boliʃtu bistar]

ticket (m)	билет	[bilet]
horaire (m)	чадвал	[dʒadval]
tableau (m) d'informations	чадвал	[dʒadval]

partir (vi)	дур шудан	[dur ʃudan]
départ (m) (du train)	равон кардан	[ravon kardan]
arriver (le train)	омадан	[omadan]
arrivée (f)	омадан	[omadan]
arriver en train	бо қатора омадан	[bo qatora omadan]
prendre le train	ба қатора нишастан	[ba qatora niʃastan]

descendre du train	фаромадан	[faromadan]
accident (m) ferroviaire	садама	[sadama]
dérailler (vi)	аз релс баромадан	[az rels baromadan]

locomotive (f) à vapeur	паровоз	[parovoz]
chauffeur (m)	алавмон	[alavmon]
chauffe (f)	оташдон	[otaʃdon]
charbon (m)	ангишт	[angiʃt]

26. Le bateau

| bateau (m) | киштӣ | [kiʃti:] |
| navire (m) | киштӣ | [kiʃti:] |

bateau (m) à vapeur	пароход	[paroχod]
paquebot (m)	теплоход	[teploχod]
bateau (m) de croisière	лайнер	[lajner]
croiseur (m)	крейсер	[krejser]

yacht (m)	яхта	[jaχta]
remorqueur (m)	таноби ядак	[tanobi jadak]
péniche (f)	баржа	[barʒa]
ferry (m)	паром	[parom]

| voilier (m) | киштии бодбондор | [kiʃti:i bodbondor] |
| brigantin (m) | бригантина | [brigantina] |

| brise-glace (m) | киштии яхшикан | [kiʃti:i jaχʃikan] |
| sous-marin (m) | киштии зериобӣ | [kiʃti:i zeriobi:] |

canot (m) à rames	қаиқ	[qaiq]
dinghy (m)	қаиқ	[qaiq]
canot (m) de sauvetage	заврақи наҷот	[zavraqi nadʒot]
canot (m) à moteur	катер	[kater]

capitaine (m)	капитан	[kapitan]
matelot (m)	баҳрчӣ, маллоҳ	[bahrtʃi:], [malloh]
marin (m)	баҳрчӣ	[bahrtʃi:]
équipage (m)	экипаж	[ɛkipaʒ]

maître (m) d'équipage	ботсман	[botsman]
mousse (m)	маллоҳбача	[mallohbatʃa]
cuisinier (m) du bord	кок, ошпази киштӣ	[kok], [oʃpazi kiʃti:]
médecin (m) de bord	духтури киштӣ	[duχturi kiʃti:]

pont (m)	саҳни киштӣ	[sahni kiʃti:]
mât (m)	сутуни киштӣ	[sutuni kiʃti:]
voile (f)	бодбон	[bodbon]
cale (f)	таҳхонаи киштӣ	[tahχonai kiʃti:]
proue (f)	сари кишти	[sari kiʃti]

poupe (f)	думи киштӣ	[dumi kiʃti:]
rame (f)	бели завраҡ	[beli zavraq]
hélice (f)	винт	[vint]
cabine (f)	каюта	[kajuta]
carré (m) des officiers	кают-компания	[kajut-kompanija]
salle (f) des machines	шӯъбаи мошинхо	[ʃœ'bai moʃinho]
passerelle (f)	арша	[arʃa]
cabine (f) de T.S.F.	радиохона	[radioχona]
onde (f)	мавҷ	[mavdʒ]
journal (m) de bord	журнали киштӣ	[ʒurnali kiʃti:]
longue-vue (f)	дурбин	[durbin]
cloche (f)	ноқус, зангӯла	[noqus], [zangœla]
pavillon (m)	байрак	[bajrak]
grosse corde (f) tressée	арғамчини ғафс	[arʁamtʃini ʁafs]
nœud (m) marin	гиреҳ	[gireh]
rampe (f)	даста барои қапидан	[dasta baroi qapidan]
passerelle (f)	зинапоя	[zinapoja]
ancre (f)	лангар	[langar]
lever l'ancre	лангар бардоштан	[langar bardoʃtan]
jeter l'ancre	лангар андохтан	[langar andoχtan]
chaîne (f) d'ancrage	занҷири лангар	[zandʒiri langar]
port (m)	бандар	[bandar]
embarcadère (m)	ҷои киштибандӣ	[dʒoi kiʃtibandi:]
accoster (vi)	ба соҳил овардан	[ba sohil ovardan]
larguer les amarres	ҳаракат кардан	[harakat kardan]
voyage (m) (à l'étranger)	саёҳат	[sajohat]
croisière (f)	круиз	[kruiz]
cap (m) (suivre un ~)	самт	[samt]
itinéraire (m)	маршрут	[marʃrut]
chenal (m)	маъбар	[ma'bar]
bas-fond (m)	тунукоба	[tunukoba]
échouer sur un bas-fond	ба тунукоба шиштан	[ba tunukoba ʃiʃtan]
tempête (f)	тӯфон, бӯрои	[tœfon], [bœroi]
signal (m)	бонг, ишорат	[bong], [iʃorat]
sombrer (vi)	ғарк шудан	[ʁark ʃudan]
Un homme à la mer!	Одам дар об!	[odam dar ob]
SOS (m)	SOS	[sos]
bouée (f) de sauvetage	чамбари наҷот	[tʃambari nadʒot]

T&P BOOKS

LA VILLE

T&P Books Publishing

autobus (m)	автобус	[avtobus]
tramway (m)	трамвай	[tramvaj]
trolleybus (m)	троллейбус	[trollejbus]
itinéraire (m)	маршрут	[marʃrut]
numéro (m)	рақам	[raqam]
prendre ...	савор будан	[savor budan]
monter (dans l'autobus)	савор шудан	[savor ʃudan]
descendre de ...	фуромадан	[furomadan]
arrêt (m)	истгоҳ	[istgoh]
arrêt (m) prochain	истгоҳи дигар	[istgohi digar]
terminus (m)	истгоҳи охирон	[istgohi oχiron]
horaire (m)	ҷадвал	[ʤadval]
attendre (vt)	поидан	[poidan]
ticket (m)	билет	[bilet]
prix (m) du ticket	арзиши чипта	[arziʃi tʃipta]
caissier (m)	кассир	[kassir]
contrôle (m) des tickets	назорат	[nazorat]
contrôleur (m)	нозир	[nozir]
être en retard	дер мондан	[der mondan]
rater (~ le train)	дер мондан	[der mondan]
se dépêcher	шитоб кардан	[ʃitob kardan]
taxi (m)	такси	[taksi]
chauffeur (m) de taxi	таксичӣ	[taksitʃi:]
en taxi	дар такси	[dar taksi]
arrêt (m) de taxi	истгоҳи такси	[istgohi taksi:]
appeler un taxi	даъват кардани такси	[da'vat kardani taksi:]
prendre un taxi	такси гирифтан	[taksi giriftan]
trafic (m)	ҳаракат дар кӯча	[harakat dar kœtʃa]
embouteillage (m)	пробка	[probka]
heures (f pl) de pointe	час пик	[tʃas pik]
se garer (vp)	ҷой кардан	[ʤoj kardan]
garer (vt)	ҷой кардан	[ʤoj kardan]
parking (m)	истгоҳ	[istgoh]
métro (m)	метро	[metro]
station (f)	истгоҳ	[istgoh]
prendre le métro	бо метро рафтан	[bo metro raftan]

| train (m) | поезд, қатор | [poezd], [qator] |
| gare (f) | вокзал | [vokzal] |

28. La ville. La vie urbaine

ville (f)	шаҳр	[ʃahr]
capitale (f)	пойтахт	[pojtaχt]
village (m)	деҳа, деҳ	[deha], [deh]

plan (m) de la ville	нақшаи шаҳр	[naqʃai ʃahr]
centre-ville (m)	маркази шаҳр	[markazi ʃahr]
banlieue (f)	шаҳрча	[ʃahrtʃa]
de banlieue (adj)	наздишаҳрӣ	[nazdiʃahri:]

périphérie (f)	атроф, канор	[atrof], [kanor]
alentours (m pl)	атрофи шаҳр	[atrofi ʃahr]
quartier (m)	квартал, маҳалла	[kvartal], [mahalla]
quartier (m) résidentiel	маҳаллаи истиқоматӣ	[mahallai istiqomati:]

trafic (m)	ҳаракат дар кӯча	[harakat dar kœtʃa]
feux (m pl) de circulation	чароғи раҳнамо	[tʃaroʁi rahnamo]
transport (m) urbain	нақлиёти шаҳрӣ	[naqlijoti ʃahri:]
carrefour (m)	чорраҳа	[tʃorraha]

passage (m) piéton	гузаргоҳи пиёдагардон	[guzargohi pijɔdagardon]
passage (m) souterrain	гузаргоҳи зеризаминӣ	[guzargohi zerizamini:]
traverser (vt)	гузаштан	[guzaʃtan]
piéton (m)	пиёдагард	[pijɔdagard]
trottoir (m)	пиёдараҳа	[pijɔdaraha]

pont (m)	пул, кӯпрук	[pul], [kœpruk]
quai (m)	соҳил	[sohil]
fontaine (f)	фаввора	[favvora]

allée (f)	кӯчабоғ	[kœtʃaboʁ]
parc (m)	боғ	[boʁ]
boulevard (m)	кӯчабоғ, гулгашт	[kœtʃaboʁ], [gulgaʃt]
place (f)	майдон	[majdon]
avenue (f)	хиёбон	[χijɔbon]
rue (f)	кӯча	[kœtʃa]
ruelle (f)	тангкӯча	[tangkœtʃa]
impasse (f)	кӯчаи бумбаста	[kœtʃai bumbasta]

maison (f)	хона	[χona]
édifice (m)	бино	[bino]
gratte-ciel (m)	иморати осмонхарош	[imorati osmonχaroʃ]

façade (f)	намо	[namo]
toit (m)	бом	[bom]
fenêtre (f)	тиреза	[tireza]

arc (m)	равоқ, тоқ	[ravoq], [toq]
colonne (f)	сутун	[sutun]
coin (m)	бурчак	[burtʃak]

vitrine (f)	витрина	[vitrina]
enseigne (f)	лавҳа	[lavha]
affiche (f)	эълоннома	[ɛ'lonnoma]
affiche (f) publicitaire	плакати реклама	[plakati reklama]
panneau-réclame (m)	лавҳаи эълонҳо	[lavhai ɛ'lonho]

ordures (f pl)	ахлот, хокрӯба	[aχlot], [χokrœba]
poubelle (f)	ахлотқуттӣ	[aχlotqutti:]
jeter à terre	ифлос кардан	[iflos kardan]
décharge (f)	партовгоҳ	[partovgoh]

cabine (f) téléphonique	будкаи телефон	[budkai telefon]
réverbère (m)	сутуни фонус	[sutuni fonus]
banc (m)	нимкат	[nimkat]

policier (m)	полис	[polis]
police (f)	полис	[polis]
clochard (m)	гадо	[gado]
sans-abri (m)	бехона	[beχona]

29. Les institutions urbaines

magasin (m)	магазин	[magazin]
pharmacie (f)	дорухона	[doruχona]
opticien (m)	оптика	[optika]
centre (m) commercial	маркази савдо	[markazi savdo]
supermarché (m)	супермаркет	[supermarket]

boulangerie (f)	дӯкони нонфурӯшӣ	[dœkoni nonfurœʃi:]
boulanger (m)	нонвой	[nonvoj]
pâtisserie (f)	қаннодӣ	[qannodi:]
épicerie (f)	дӯкони баққолӣ	[dœkoni baqqoli:]
boucherie (f)	дӯкони гӯштфурӯшӣ	[dœkoni gœʃtfurœʃi:]

| magasin (m) de légumes | дӯкони сабзавот | [dœkoni sabzavot] |
| marché (m) | бозор | [bozor] |

salon (m) de café	қаҳвахона	[qahvaχona]
restaurant (m)	тарабхона	[tarabχona]
brasserie (f)	пивохона	[pivoχona]
pizzeria (f)	питсерия	[pitserija]

salon (m) de coiffure	сартарошхона	[sartaroʃχona]
poste (f)	пӯшта	[pœʃta]
pressing (m)	козургарии химиявӣ	[kozurgari:i χimijavi:]
atelier (m) de photo	суратгирхона	[suratgirχona]

magasin (m) de chaussures	магазини пойафзолфурӯшӣ	[magazini pojafzolfurœʃi:]
librairie (f)	мағозаи китоб	[maʁozai kitob]
magasin (m) d'articles de sport	мағозаи варзишӣ	[maʁozai varziʃi:]
atelier (m) de retouche	таъмири либос	[ta'miri libos]
location (f) de vêtements	кирояи либос	[kirojai libos]
location (f) de films	кирояи филмхо	[kirojai filmho]
cirque (m)	сирк	[sirk]
zoo (m)	боғи ҳайвонот	[boʁi hajvonot]
cinéma (m)	кинотеатр	[kinoteatr]
musée (m)	осорхона	[osorχona]
bibliothèque (f)	китобхона	[kitobχona]
théâtre (m)	театр	[teatr]
opéra (m)	опера	[opera]
boîte (f) de nuit	клуби шабона	[klubi ʃabona]
casino (m)	казино	[kazino]
mosquée (f)	масҷид	[masdʒid]
synagogue (f)	каниса	[kanisa]
cathédrale (f)	собор	[sobor]
temple (m)	ибодатгоҳ	[ibodatgoh]
église (f)	калисо	[kaliso]
institut (m)	институт	[institut]
université (f)	университет	[universitet]
école (f)	мактаб	[maktab]
préfecture (f)	префектура	[prefektura]
mairie (f)	мэрия	[mɛrija]
hôtel (m)	меҳмонхона	[mehmonχona]
banque (f)	банк	[bank]
ambassade (f)	сафорат	[saforat]
agence (f) de voyages	турагенство	[turagenstvo]
bureau (m) d'information	бюрои справкадиҳӣ	[bjuroi spravkadihi:]
bureau (m) de change	нуқтаи мубодила	[nuqtai mubodila]
métro (m)	метро	[metro]
hôpital (m)	касалхона	[kasalχona]
station-service (f)	нуқтаи фурӯши сӯзишворӣ	[nuqtai furœʃi sœziʃvori:]
parking (m)	истгоҳи мошинхо	[istgohi moʃinho]

30. Les enseignes. Les panneaux

| enseigne (f) | лавҳа | [lavha] |
| pancarte (f) | хат, навиштаҷот | [χat], [naviʃtadʒot] |

poster (m)	плакат	[plakat]
indicateur (m) de direction	аломат, нишона	[alomat], [niʃona]
flèche (f)	аломати тир	[alomati tir]

avertissement (m)	огоҳӣ	[ogohi:]
panneau d'avertissement	огоҳӣ	[ogohi:]
avertir (vt)	танбеҳ додан	[tanbeh dodan]

jour (m) de repos	рӯзи истироҳат	[rœzi istirohat]
horaire (m)	ҷадвал	[dʒadval]
heures (f pl) d'ouverture	соати корӣ	[soati kori:]

BIENVENUE!	ХУШ ОМАДЕД!	[xuʃ omaded]
ENTRÉE	ДАРОМАД	[daromad]
SORTIE	БАРОМАД	[baromad]

POUSSER	АЗ ХУД	[az xud]
TIRER	БА ХУД	[ba xud]
OUVERT	КУШОДА	[kuʃoda]
FERMÉ	ПӮШИДА	[pœʃida]

| FEMMES | БАРОИ ЗАНОН | [baroi zanon] |
| HOMMES | БАРОИ МАРДОН | [baroi mardon] |

RABAIS	ТАХФИФ	[taxfif]
SOLDES	АРЗОНФУРӮШӢ	[arzonfurœʃi:]
NOUVEAU!	МОЛИ НАВ!	[moli nav]
GRATUIT	БЕПУЛ	[bepul]

ATTENTION!	ДИҚҚАТ!	[diqqat]
COMPLET	ҶОЙ НЕСТ	[dʒoj nest]
RÉSERVÉ	БАНД АСТ	[band ast]

| ADMINISTRATION | МАЪМУРИЯТ | [ma'murijat] |
| RÉSERVÉ AU PERSONNEL | ФАҚАТ БАРОИ КОРМАНДОН | [faqat baroi kormandon] |

ATTENTION CHIEN MÉCHANT	САГИ ГАЗАНДА	[sagi gazanda]
DÉFENSE DE FUMER	ТАМОКУ НАКАШЕД!	[tamoku nakaʃed]
PRIÈRE DE NE PAS TOUCHER	ДАСТ НАРАСОНЕД!	[dast narasoned]

DANGEREUX	ХАТАРНОК	[xatarnok]
DANGER	ХАТАР	[xatar]
HAUTE TENSION	ШИДДАТИ БАЛАНД	[ʃiddati baland]
BAIGNADE INTERDITE	ОББОЗӢ КАРДАН МАНЪ АСТ	[obbozi: kardan man' ast]
HORS SERVICE	КОР НАМЕКУНАД	[kor namekunad]

| INFLAMMABLE | ОТАШАНГЕЗ | [otaʃangez] |
| INTERDIT | МАНЪ АСТ | [man' ast] |

| PASSAGE INTERDIT | ДАРОМАД МАНЪ АСТ | [daromad man' ast] |
| PEINTURE FRAÎCHE | РАНГ КАРДА ШУДААСТ | [rang karda ʃudaast] |

31. Le shopping

acheter (vt)	харидан	[χaridan]
achat (m)	харид	[χarid]
faire des achats	харид кардан	[χarid kardan]
shopping (m)	шопинг	[ʃoping]

| être ouvert | кушода будан | [kuʃoda budan] |
| être fermé | маҳкам будан | [mahkam budan] |

chaussures (f pl)	пойафзол	[pojafzol]
vêtement (m)	либос	[libos]
produits (m pl) de beauté	косметика	[kosmetika]
produits (m pl) alimentaires	озуқаворӣ	[ozuqavori:]
cadeau (m)	тӯҳфа	[tœhfa]

| vendeur (m) | фурӯш | [furœʃ] |
| vendeuse (f) | фурӯш | [furœʃ] |

caisse (f)	касса	[kassa]
miroir (m)	оина	[oina]
comptoir (m)	пешдӯкон	[peʃdœkon]
cabine (f) d'essayage	ҷои пӯшида дидани либос	[dʒoi pœʃida didani libos]

essayer (robe, etc.)	пӯшида дидан	[pœʃida didan]
aller bien (robe, etc.)	мувофиқ омадан	[muvofiq omadan]
plaire (être apprécié)	форидан	[foridan]

prix (m)	нарх	[narχ]
étiquette (f) de prix	нархнома	[narχnoma]
coûter (vt)	арзидан	[arzidan]
Combien?	Чанд пул?	[tʃand pul]
rabais (m)	тахфиф	[taχfif]

pas cher (adj)	арзон	[arzon]
bon marché (adj)	арзон	[arzon]
cher (adj)	қимат	[qimat]
C'est cher	Ин қимат аст	[in qimat ast]

location (f)	кироя	[kiroja]
louer (une voiture, etc.)	насия гирифтан	[nasija giriftan]
crédit (m)	қарз	[qarz]
à crédit (adv)	кредит гирифтан	[kredit giriftan]

T&P BOOKS

LES VÊTEMENTS & LES ACCESSOIRES

T&P Books Publishing

vêtement (m)	либос	[libos]
survêtement (m)	либоси боло	[libosi bolo]
vêtement (m) d'hiver	либоси зимистонй	[libosi zimistoni:]

manteau (m)	палто	[palto]
manteau (m) de fourrure	пӯстин	[pœstin]
veste (f) de fourrure	нимпӯстин	[nimpœstin]
manteau (m) de duvet	пуховик	[puχovik]

veste (f) (~ en cuir)	куртка	[kurtka]
imperméable (m)	боронй	[boroni:]
imperméable (adj)	обногузар	[obnoguzar]

chemise (f)	курта	[kurta]
pantalon (m)	шим, шалвор	[ʃim], [ʃalvor]
jean (m)	шими чинс	[ʃimi dʒins]
veston (m)	пичак	[pidʒak]
complet (m)	костюм	[kostjum]

robe (f)	куртаи заннона	[kurtai zannona]
jupe (f)	юбка	[jubka]
chemisette (f)	блузка	[bluzka]
veste (f) en laine	кофтаи бофта	[koftai bofta]
jaquette (f), blazer (m)	жакет	[ʒaket]

tee-shirt (m)	футболка	[futbolka]
short (m)	шортик	[ʃortik]
costume (m) de sport	либоси варзишй	[libosi varziʃi:]
peignoir (m) de bain	халат	[χalat]
pyjama (m)	пижама	[piʒama]

chandail (m)	свитер	[sviter]
pull-over (m)	пуловер	[pulover]

gilet (m)	камзӯл	[kamzœl]
queue-de-pie (f)	фрак	[frak]
smoking (m)	смокинг	[smoking]

uniforme (m)	либоси расмй	[libosi rasmi:]
tenue (f) de travail	либоси корй	[libosi kori:]

| salopette (f) | комбинезон | [kombinezon] |
| blouse (f) (d'un médecin) | халат | [χalat] |

34. Les sous-vêtements

sous-vêtements (m pl)	либоси таг	[libosi tag]
boxer (m)	турсуки мардона	[tursuki mardona]
slip (m) de femme	турсуки занона	[tursuki zanona]
maillot (m) de corps	майка	[majka]
chaussettes (f pl)	пайпоқ	[pajpoq]

chemise (f) de nuit	куртаи хоб	[kurtai χob]
soutien-gorge (m)	синабанд	[sinaband]
chaussettes (f pl) hautes	чуроби кутоҳ	[dʒurobi kutoh]
collants (m pl)	колготка	[kolgotka]
bas (m pl)	чуроби дароз	[ʧurobi daroz]
maillot (m) de bain	либоси оббозӣ	[libosi obbozi:]

35. Les chapeaux

chapeau (m)	кулоҳ, телпак	[kuloh], [telpak]
chapeau (m) feutre	шляпаи моҳутӣ	[ʃljapai mohuti:]
casquette (f) de base-ball	бейсболка	[bejsbolka]
casquette (f)	кепка	[kepka]

béret (m)	берет	[beret]
capuche (f)	либоси кулоҳдор	[libosi kulohdor]
panama (m)	панамка	[panamka]
bonnet (m) de laine	шапкаи бофтагӣ	[ʃapkai boftagi:]

| foulard (m) | рӯймол | [rœjmol] |
| chapeau (m) de femme | кулоҳча | [kulohʧa] |

casque (m) (d'ouvriers)	тоскулоҳ	[toskuloh]
calot (m)	пилотка	[pilotka]
casque (m) (~ de moto)	хӯд	[χœd]

| melon (m) | дегчакулоҳ | [degʧakuloχ] |
| haut-de-forme (m) | силиндр | [silindr] |

36. Les chaussures

chaussures (f pl)	пойафзол	[pojafzol]
bottines (f pl)	патинка	[patinka]
souliers (m pl) (~ plats)	кафш, туфли	[kafʃ], [tufli]
bottes (f pl)	мӯза	[mœza]

chaussons (m pl)	шиппак	[ʃippak]
tennis (m pl)	крассовка	[krassovka]
baskets (f pl)	кетй	[keti:]
sandales (f pl)	сандал	[sandal]
cordonnier (m)	мӯзадӯз	[mœzadœz]
talon (m)	пошна	[poʃna]
paire (f)	чуфт	[dʒuft]
lacet (m)	бандак	[bandak]
lacer (vt)	бандак гузарондан	[bandak guzarondan]
chausse-pied (m)	кафчаи кафшпӯшй	[kaftʃai kafʃpœʃi:]
cirage (m)	креми пойафзол	[kremi pojafzol]

37. Les accessoires personnels

gants (m pl)	дастпӯшак	[dastpœʃak]
moufles (f pl)	дастпӯшаки бепанча	[dastpœʃaki bepandʒa]
écharpe (f)	гарданпеч	[gardanpetʃ]
lunettes (f pl)	айнак	[ajnak]
monture (f)	чанбарак	[tʃanbarak]
parapluie (m)	соябон, чатр	[sojabon], [tʃatr]
canne (f)	чӯб	[tʃœb]
brosse (f) à cheveux	чӯткаи мӯйсар	[tʃœtkai mœjsar]
éventail (m)	бодбезак	[bodbezak]
cravate (f)	галстук	[galstuk]
nœud papillon (m)	галстук-шапарак	[galstuk-ʃaparak]
bretelles (f pl)	шалворбанди китфй	[ʃalvorbandi kitfi:]
mouchoir (m)	дастрӯймол	[dastrœjmol]
peigne (m)	шона	[ʃona]
barrette (f)	сарсӯзан, бандак	[sarsœzan], [bandak]
épingle (f) à cheveux	санчак	[sandʒak]
boucle (f)	сагаки тасма	[sagaki tasma]
ceinture (f)	тасма	[tasma]
bandoulière (f)	тасма	[tasma]
sac (m)	сумка	[sumka]
sac (m) à main	сумка	[sumka]
sac (m) à dos	борхалта	[borχalta]

38. Les vêtements. Divers

mode (f)	мод	[mod]
à la mode (adj)	модшуда	[modʃuda]

couturier, créateur de mode	тархсоз	[tarhsoz]

col (m)	гиребон, ёқа	[girebon], [joqa]
poche (f)	киса	[kisa]
de poche (adj)	... и киса	[i kisa]
manche (f)	остин	[ostin]
bride (f)	банди либос	[bandi libos]
braguette (f)	чоки пеши шим	[ʧoki peʃi ʃim]

fermeture (f) à glissière	занчирак	[zandʒirak]
agrafe (f)	гиреҳбанд	[girehband]
bouton (m)	тугма	[tugma]
boutonnière (f)	банди тугма	[bandi tugma]
s'arracher (bouton)	канда шудан	[kanda ʃudan]

coudre (vi, vt)	дӯхтан	[dœχtan]
broder (vt)	гулдӯзӣ кардан	[guldœzi: kardan]
broderie (f)	гулдӯзӣ	[guldœzi:]
aiguille (f)	сӯзани чокдӯзи	[sœzani ʧokdœzi]
fil (m)	ресмон	[resmon]
couture (f)	чок	[ʧok]

se salir (vp)	олуда шудан	[oluda ʃudan]
tache (f)	доғ, лакка	[doʁ], [lakka]
se froisser (vp)	ғичим шудан	[ʁidʒim ʃudan]
déchirer (vt)	даррондан	[darrondan]
mite (f)	куя	[kuja]

39. L'hygiène corporelle. Les cosmétiques

dentifrice (m)	хамираи дандон	[χamirai dandon]
brosse (f) à dents	чӯткаи дандоншӯй	[ʧœtkai dandonʃœi:]
se brosser les dents	дандон шустан	[dandon ʃustan]

rasoir (m)	ришгирак	[riʃgirak]
crème (f) à raser	креми ришгирӣ	[kremi riʃgiri:]
se raser (vp)	риш гирифтан	[riʃ giriftan]

savon (m)	собун	[sobun]
shampooing (m)	шампун	[ʃampun]

ciseaux (m pl)	кайчӣ	[kajʧi:]
lime (f) à ongles	тарошаи нохунхо	[taroʃai noχunho]
pinces (f pl) à ongles	анбӯрча барои нохунхо	[anbœrʧa baroi noχunho]
pince (f) à épiler	мӯйчинак	[mœjʧinak]

produits (m pl) de beauté	косметика	[kosmetika]
masque (m) de beauté	ниқоби косметикӣ	[niqobi kosmetiki:]
manucure (f)	нохунорой	[noχunoroi:]
se faire les ongles	нохун оростан	[noχun orostan]

pédicurie (f)	ороиши нохунхои пой	[oroiʃi noχunhoi poj]
trousse (f) de toilette	косметичка	[kosmetitʃka]
poudre (f)	сафеда	[safeda]
poudrier (m)	қуттии упо	[qutti:i upo]
fard (m) à joues	сурхӣ	[surχi:]

eau (f) de toilette	атр	[atr]
lotion (f)	оби мушкин	[obi muʃkin]
eau de Cologne (f)	атр	[atr]

fard (m) à paupières	тен барои пилкхои чашм	[ten baroi pilkhoi tʃaʃm]
crayon (m) à paupières	қалами чашм	[qalami tʃaʃm]
mascara (m)	туш барои мижахо	[tuʃ baroi miʒaho]

rouge (m) à lèvres	лабсурхкунак	[labsurχkunak]
vernis (m) à ongles	лаки нохун	[laki noχun]
laque (f) pour les cheveux	лаки мӯйсар	[laki mœjsar]
déodorant (m)	дезодорант	[dezodorant]

crème (f)	крем, равғани рӯй	[krem], [ravʁani rœj]
crème (f) pour le visage	креми рӯй	[kremi rœj]
crème (f) pour les mains	креми даст	[kremi dast]
crème (f) anti-rides	креми зиддиожанг	[kremi ziddioʒang]
crème (f) de jour	креми рӯзона	[kremi rœzona]
crème (f) de nuit	креми шабона	[kremi ʃabona]
de jour (adj)	рӯзона, ~и рӯз	[rœzona], [~i rœz]
de nuit (adj)	шабона, ... и шаб	[ʃabona], [i ʃab]

tampon (m)	тампон	[tampon]
papier (m) de toilette	коғази хоҷатхона	[koʁazi χodʒatχona]
sèche-cheveux (m)	мӯхушккунак	[mœχuʃkkunak]

40. Les montres. Les horloges

montre (f)	соати дастӣ	[soati dasti:]
cadran (m)	лавҳаи соат	[lavhai soat]
aiguille (f)	акрабак	[akrabak]
bracelet (m)	дастпона	[dastpona]
bracelet (m) (en cuir)	банди соат	[bandi soat]

pile (f)	батареяча, батарейка	[batarejatʃa], [batarejka]
être déchargé	холӣ шудааст	[χoli: ʃudaast]
changer de pile	иваз кардани батаре	[ivaz kardani batare]
avancer (vi)	пеш меравад	[peʃ meravad]
retarder (vi)	ақиб мондан	[aqib mondan]

pendule (f)	соати деворӣ	[soati devori:]
sablier (m)	соати регӣ	[soati regi:]
cadran (m) solaire	соати офтобӣ	[soati oftobi:]

réveil (m)	соати рӯимизии зангдор	[soati rœimizi:i zangdor]
horloger (m)	соатсоз	[soatsoz]
réparer (vt)	таъмир кардан	[ta'mir kardan]

L'EXPÉRIENCE QUOTIDIENNE

T&P Books Publishing

argent (m)	пул	[pul]
échange (m)	мубодила, иваз	[mubodila], [ivaz]
cours (m) de change	қурб	[qurb]
distributeur (m)	банкомат	[bankomat]
monnaie (f)	танга	[tanga]
dollar (m)	доллар	[dollar]
lire (f)	лираи италиявӣ	[lirai italijavi:]
mark (m) allemand	маркаи олмонӣ	[markai olmoni:]
franc (m)	франк	[frank]
livre sterling (f)	фунт стерлинг	[funt sterling]
yen (m)	иена	[iena]
dette (f)	қарз	[qarz]
débiteur (m)	қарздор	[qarzdor]
prêter (vt)	қарз додан	[qarz dodan]
emprunter (vt)	қарз гирифтан	[qarz giriftan]
banque (f)	банк	[bank]
compte (m)	ҳисоб	[hisob]
verser (dans le compte)	гузарондан	[guzarondan]
verser dans le compte	ба суратҳисоб гузарондан	[ba surathisob guzarondan]
retirer du compte	аз суратҳисоб гирифтан	[az surathisob giriftan]
carte (f) de crédit	корти кредитӣ	[korti krediti:]
espèces (f pl)	пули нақд, нақдина	[puli naqd], [naqdina]
chèque (m)	чек	[ʧek]
faire un chèque	чек навиштан	[ʧek naviʃtan]
chéquier (m)	дафтарчаи чек	[daftartʃai ʧek]
portefeuille (m)	ҳамён	[hamjɔn]
bourse (f)	ҳамён	[hamjɔn]
coffre fort (m)	сейф	[sejf]
héritier (m)	меросхӯр	[merosχœr]
héritage (m)	мерос	[meros]
fortune (f)	дорой	[doroi:]
location (f)	иҷора	[idʒora]
loyer (m) (argent)	ҳаққи манзил	[haqqi manzil]
louer (prendre en location)	ба иҷора гирифтан	[ba idʒora giriftan]
prix (m)	нарх	[narχ]

| coût (m) | арзиш | [arziʃ] |
| somme (f) | маблағ | [mablaʁ] |

dépenser (vt)	сарф кардан	[sarf kardan]
dépenses (f pl)	харҷ, ҳазина	[χardʒ], [hazina]
économiser (vt)	сарфа кардан	[sarfa kardan]
économe (adj)	сарфакор	[sarfakor]

payer (régler)	пул додан	[pul dodan]
paiement (m)	пардохт	[pardoχt]
monnaie (f) (rendre la ~)	бақияи пул	[baqijai pul]

impôt (m)	налог, андоз	[nalog], [andoz]
amende (f)	ҷарима	[dʒarima]
mettre une amende	ҷарима андохтан	[dʒarima andoχtan]

42. La poste. Les services postaux

poste (f)	почта	[potʃta]
courrier (m) (lettres, etc.)	почта	[potʃta]
facteur (m)	хаткашон	[χatkaʃon]
heures (f pl) d'ouverture	соати корӣ	[soati kori:]

lettre (f)	мактуб	[maktub]
recommandé (m)	хати супориши	[χati suporiʃi:]
carte (f) postale	рукъа	[ruq'a]
télégramme (m)	барқия	[barqija]
colis (m)	равонак	[ravonak]
mandat (m) postal	пули фиристодашуда	[puli firistodaʃuda]

recevoir (vt)	гирифтан	[giriftan]
envoyer (vt)	ирсол кардан	[irsol kardan]
envoi (m)	ирсол	[irsol]
adresse (f)	адрес, унвон	[adres], [unvon]
code (m) postal	индекси почта	[indeksi potʃta]
expéditeur (m)	ирсолкунанда	[irsolkunanda]
destinataire (m)	гиранда	[giranda]

| prénom (m) | ном | [nom] |
| nom (m) de famille | фамилия | [familija] |

tarif (m)	таърифа	[ta'rifa]
normal (adj)	муқаррарӣ	[muqarrari:]
économique (adj)	камхарҷ	[kamχardʒ]

poids (m)	вазн	[vazn]
peser (~ les lettres)	баркашидан	[barkaʃidan]
enveloppe (f)	конверт	[konvert]
timbre (m)	марка	[marka]
timbrer (vt)	марка часпонидан	[marka tʃasponidan]

43. Les opérations bancaires

banque (f)	банк	[bank]
agence (f) bancaire	шӯъба	[ʃœ'ba]
conseiller (m)	мушовир	[muʃovir]
gérant (m)	идоракунанда	[idorakunanda]
compte (m)	ҳисоб	[hisob]
numéro (m) du compte	рақами суратҳисоб	[raqami surathisob]
compte (m) courant	ҳисоби чорӣ	[hisobi ʤori:]
compte (m) sur livret	суратҳисоби ҷамъшаванда	[surathisobi ʤam'ʃavanda]
ouvrir un compte	суратҳисоб кушодан	[surathisob kuʃodan]
clôturer le compte	бастани суратҳисоб	[bastani surathisob]
verser dans le compte	ба суратҳисоб гузарондан	[ba surathisob guzarondan]
retirer du compte	аз суратҳисоб гирифтан	[az surathisob giriftan]
dépôt (m)	амонат	[amonat]
faire un dépôt	маблағ гузоштан	[mablaʁ guzoʃtan]
virement (m) bancaire	интиқоли маблағ	[intiqoli mablaʁ]
faire un transfert	интиқол додан	[intiqol dodan]
somme (f)	маблағ	[mablaʁ]
Combien?	Чӣ қадар?	[ʧi: qadar]
signature (f)	имзо	[imzo]
signer (vt)	имзо кардан	[imzo kardan]
carte (f) de crédit	корти кредитӣ	[korti krediti:]
code (m)	рамз, код	[ramz], [kod]
numéro (m) de carte de crédit	рақами корти кредитӣ	[raqami korti krediti:]
distributeur (m)	банкомат	[bankomat]
chèque (m)	чек	[ʧek]
faire un chèque	чек навиштан	[ʧek naviʃtan]
chéquier (m)	дафтарчаи чек	[daftarʧai ʧek]
crédit (m)	қарз	[qarz]
demander un crédit	барои кредит мурочиат кардан	[baroi kredit muroʤiat kardan]
prendre un crédit	кредит гирифтан	[kredit giriftan]
accorder un crédit	кредит додан	[kredit dodan]
gage (m)	кафолат, замонат	[kafolat], [zamonat]

44. Le téléphone. La conversation téléphonique

téléphone (m)	телефон	[telefon]
portable (m)	телефони мобилӣ	[telefoni mobili:]
répondeur (m)	худҷавобгӯ	[χuddʒavobgœ]
téléphoner, appeler	телефон кардан	[telefon kardan]
appel (m)	занг	[zang]
composer le numéro	гирифтани рақамхо	[giriftani raqamho]
Allô!	алло, ҳа	[allo], [ha]
demander (~ l'heure)	пурсидан	[pursidan]
répondre (vi, vt)	ҷавоб додан	[dʒavob dodan]
entendre (bruit, etc.)	шунидан	[ʃunidan]
bien (adv)	хуб, наӻз	[χub], [naɐz]
mal (adv)	бад	[bad]
bruits (m pl)	садоҳои бегона	[sadohoi begona]
récepteur (m)	гӯшак	[gi:ʃak]
décrocher (vt)	бардоштани гӯшак	[bardoʃtani gœʃak]
raccrocher (vi)	мондани гӯшак	[mondani gœʃak]
occupé (adj)	банд	[band]
sonner (vi)	занг задан	[zang zadan]
carnet (m) de téléphone	китоби телефон	[kitobi telefon]
local (adj)	маҳаллӣ	[mahalli:]
appel (m) local	занги маҳаллӣ	[zangi mahalli:]
interurbain (adj)	байнишаҳрӣ	[bajniʃahri:]
appel (m) interurbain	занги байнишаҳрӣ	[zangi bajniʃahri:]
international (adj)	байналхалқӣ	[bajnalχalqi:]

45. Le téléphone portable

portable (m)	телефони мобилӣ	[telefoni mobili:]
écran (m)	дисплей	[displej]
bouton (m)	тугмача	[tugmatʃa]
carte SIM (f)	сим-корт	[sim-kort]
pile (f)	батарея	[batareja]
être déchargé	бе заряд шудан	[be zarjad ʃudan]
chargeur (m)	асбоби барқпуркунанда	[asbobi barqpurkunanda]
menu (m)	меню	[menju]
réglages (m pl)	соз кардан	[soz kardan]
mélodie (f)	оҳанг	[ohang]
sélectionner (vt)	интихоб кардан	[intiχob kardan]
calculatrice (f)	ҳисобкунак	[hisobkunak]

répondeur (m)	худҷавобгӯ	[χuddʒavobgœ]
réveil (m)	соати рӯимизии зангдор	[soati rœimizi:i zangdor]
contacts (m pl)	китоби телефон	[kitobi telefon]
SMS (m)	СМС-хабар	[sms-χabar]
abonné (m)	муштарӣ	[muʃtari:]

46. La papeterie

| stylo (m) à bille | ручкаи саққочадор | [rutʃkai saqqotʃador] |
| stylo (m) à plume | парқалам | [parqalam] |

crayon (m)	қалам	[qalam]
marqueur (m)	маркер	[marker]
feutre (m)	фломастер	[flomaster]

| bloc-notes (m) | блокнот, дафтари ёддошт | [bloknot], [daftari joddoʃt] |
| agenda (m) | рӯзнома | [rœznoma] |

règle (f)	ҷадвал	[dʒadval]
calculatrice (f)	ҳисобкунак	[hisobkunak]
gomme (f)	ластик	[lastik]
punaise (f)	кнопка	[knopka]
trombone (m)	скрепка	[skrepka]

colle (f)	елим, шилм	[elim], [ʃilm]
agrafeuse (f)	степлер	[stepler]
taille-crayon (m)	чарх	[tʃarχ]

47. Les langues étrangères

langue (f)	забон	[zabon]
étranger (adj)	хориҷӣ	[χoridʒi:]
langue (f) étrangère	забони хориҷӣ	[zaboni χoridʒi:]
étudier (vt)	омӯхтан	[omœχtan]
apprendre (~ l'arabe)	омӯхтан	[omœχtan]

lire (vi, vt)	хондан	[χondan]
parler (vi, vt)	гап задан	[gap zadan]
comprendre (vt)	фаҳмидан	[fahmidan]
écrire (vt)	навиштан	[naviʃtan]

vite (adv)	босуръат	[bosur'at]
lentement (adv)	оҳиста	[ohista]
couramment (adv)	озодона	[ozodona]
règles (f pl)	қоидаҳо	[qoidaho]

grammaire (f)	грамматика	[grammatika]
vocabulaire (m)	лексика	[leksika]
phonétique (f)	савтиёт	[savtijɔt]

manuel (m)	китоби дарсӣ	[kitobi darsi:]
dictionnaire (m)	луғат	[luʁat]
manuel (m) autodidacte	худомӯз	[χudomœz]
guide (m) de conversation	сӯхбатнома	[sœhbatnoma]

cassette (f)	кассета	[kasseta]
cassette (f) vidéo	видеокассета	[videokasseta]
CD (m)	CD, диски компактӣ	[ɔɛ], [diski kompakti:]
DVD (m)	DVD-диск	[ɛøɛ-disk]

alphabet (m)	алифбо	[alifbo]
épeler (vt)	ҳарфакӣ гап задан	[harfaki: gap zadan]
prononciation (f)	талаффуз	[talaffuz]

accent (m)	зада, аксент	[zada], [aksent]
avec un accent	бо аксент	[bo aksent]
sans accent	бе аксент	[be aksent]

| mot (m) | калима | [kalima] |
| sens (m) | маъний, маъно | [ma'ni:], [ma'no] |

cours (m pl)	курсҳо, дарсҳо	[kursho], [darsho]
s'inscrire (vp)	дохил шудан	[doχil ʃudan]
professeur (m) (~ d'anglais)	муаллим	[muallim]

traduction (f) (action)	тарҷума	[tardʒuma]
traduction (f) (texte)	тарҷума	[tardʒuma]
traducteur (m)	тарҷумон	[tardʒumon]
interprète (m)	тарҷумон	[tardʒumon]

| polyglotte (m) | забондон | [zabondon] |
| mémoire (f) | ҳофиза | [hofiza] |

T&P BOOKS

LES REPAS.
LE RESTAURANT

T&P Books Publishing

48. Le dressage de la table

cuillère (f)	кошук	[qoʃuq]
couteau (m)	корд	[kord]
fourchette (f)	чангча, чангол	[tʃangtʃa], [tʃangol]
tasse (f)	косача	[kosatʃa]
assiette (f)	таксимча	[taqsimtʃa]
soucoupe (f)	таксимй, таксимича	[taqsimi:], [taqsimitʃa]
serviette (f)	салфетка	[salfetka]
cure-dent (m)	дандонковак	[dandonkovak]

49. Le restaurant

restaurant (m)	тарабхона	[tarabχona]
salon (m) de café	кахвахона	[qahvaχona]
bar (m)	бар	[bar]
salon (m) de thé	чойхона	[tʃojχona]
serveur (m)	пешхизмат	[peʃχizmat]
serveuse (f)	пешхизмат	[peʃχizmat]
barman (m)	бармен	[barmen]
carte (f)	меню	[menju]
carte (f) des vins	рӯйхати шаробхо	[rœjχati ʃarobho]
réserver une table	банд кардани миз	[band kardani miz]
plat (m)	таом	[taom]
commander (vt)	супориш додан	[suporiʃ dodan]
faire la commande	фармоиш додан	[farmoiʃ dodan]
apéritif (m)	аперитив	[aperitiv]
hors-d'œuvre (m)	хӯриш, газак	[χœriʃ], [gazak]
dessert (m)	десерт	[desert]
addition (f)	хисоб	[hisob]
régler l'addition	пардохт кардан	[pardoχt kardan]
rendre la monnaie	бакия додан	[baqija dodan]
pourboire (m)	чойпулй	[tʃojpuli:]

50. Les repas

nourriture (f)	хӯрок, таом	[χœrok], [taom]
manger (vi, vt)	хӯрдан	[χœrdan]
petit déjeuner (m)	ноништа	[noniʃta]

prendre le petit déjeuner	ноништа кардан	[noniʃta kardan]
déjeuner (m)	хӯроки пешин	[χœroki peʃin]
déjeuner (vi)	хӯроки пешин хӯрдан	[χœroki peʃin χœrdan]
dîner (m)	шом	[ʃom]
dîner (vi)	хӯроки шом хӯрдан	[χœroki ʃom χœrdan]

appétit (m)	иштихо	[iʃtiho]
Bon appétit!	ош шавад!	[oʃ ʃavad]

ouvrir (vt)	кушодан	[kuʃodan]
renverser (liquide)	резондан	[rezondan]
se renverser (liquide)	рехтан	[reχtan]

bouillir (vi)	чӯшидан	[dʒœʃidan]
faire bouillir	чӯшондан	[dʒœʃondan]
bouilli (l'eau ~e)	чӯшомада	[dʒœʃomada]
refroidir (vt)	хунук кардан	[χunuk kardan]
se refroidir (vp)	хунук шудан	[χunuk ʃudan]

goût (m)	маза, таъм	[maza], [ta'm]
arrière-goût (m)	таъм	[ta'm]

suivre un régime	хароб шудан	[χarob ʃudan]
régime (m)	диета	[dieta]
vitamine (f)	витамин	[vitamin]
calorie (f)	калория	[kalorija]
végétarien (m)	гӯштнахӯранда	[gœʃtnaχœranda]
végétarien (adj)	бегӯшт	[begœʃt]

lipides (m pl)	равган	[ravʁan]
protéines (f pl)	сафедахо	[safedaho]
glucides (m pl)	карбогидратхо	[karbogidratho]

tranche (f)	тилим, порча	[tilim], [portʃa]
morceau (m)	порча	[portʃa]
miette (f)	резгӣ	[rezgi:]

51. Les plats cuisinés

plat (m)	таом	[taom]
cuisine (f)	таомхо	[taomho]
recette (f)	ретсепт	[retsept]
portion (f)	навола	[navola]

salade (f)	салат	[salat]
coupe (f)	шӯрбо	[ʃœrbo]

bouillon (m)	булён	[buljɔn]
sandwich (m)	бутерброд	[buterbrod]
les œufs brouillés	тухмбирён	[tuχmbirjɔn]

hamburger (m)	гамбургер	[gamburger]
steak (m)	бифштекс	[bifʃteks]
garniture (f)	хӯриши таом	[xœriʃi taom]
spaghettis (m pl)	спагеттй	[spagetti:]
purée (f)	пюре	[pjure]
pizza (f)	питса	[pitsa]
bouillie (f)	шӯла	[ʃœla]
omelette (f)	омлет, тухмбирён	[omlet], [tuxmbirjon]
cuit à l'eau (adj)	чӯшондашуда	[dʒœʃondaʃuda]
fumé (adj)	дудхӯрда	[dudxœrda]
frit (adj)	бирён	[birjon]
sec (adj)	хушк	[xuʃk]
congelé (adj)	яхкарда	[jaxkarda]
mariné (adj)	дар сирко хобондашуда	[dar sirko xobondaʃuda]
sucré (adj)	ширин	[ʃirin]
salé (adj)	шӯр	[ʃœr]
froid (adj)	хунук	[xunuk]
chaud (adj)	гарм	[garm]
amer (adj)	талх	[talx]
bon (savoureux)	бомаза	[bomaza]
cuire à l'eau	пухтан, чӯшондан	[puxtan], [dʒœʃondan]
préparer (le dîner)	пухтан	[puxtan]
faire frire	бирён кардан	[birjon kardan]
réchauffer (vt)	гарм кардан	[garm kardan]
saler (vt)	намак андохтан	[namak andoxtan]
poivrer (vt)	қаламфур андохтан	[qalamfur andoxtan]
râper (vt)	тарошидан	[taroʃidan]
peau (f)	пӯст	[pœst]
éplucher (vt)	пӯст кандан	[pœst kandan]

52. Les aliments

viande (f)	гӯшт	[gœʃt]
poulet (m)	мурғ	[murʁ]
poulet (m) (poussin)	чӯча	[tʃœdʒa]
canard (m)	мурғобй	[murʁobi:]
oie (f)	қоз, ғоз	[qoz], [ʁoz]
gibier (m)	сайди шикор	[sajdi ʃikor]
dinde (f)	мурғи марҷон	[murʁi mardʒon]
du porc	гӯшти хук	[gœʃti xuk]
du veau	гӯшти гӯсола	[gœʃti gœsola]
du mouton	гӯшти гӯсфанд	[gœʃti gœsfand]
du bœuf	гӯшти гов	[gœʃti gov]

lapin (m)	харгӯш	[χargœʃ]
saucisson (m)	ҳасиб	[hasib]
saucisse (f)	ҳасибча	[hasibtʃa]
bacon (m)	бекон	[bekon]
jambon (m)	ветчина	[vettʃina]
cuisse (f)	рон	[ron]
pâté (m)	паштет	[paʃtet]
foie (m)	ҷигар	[dʒigar]
farce (f)	гӯшти кӯфта	[gœʃti kœfta]
langue (f)	забон	[zabon]
œuf (m)	тухм	[tuχm]
les œufs	тухм	[tuχm]
blanc (m) d'œuf	сафедии тухм	[safedi:i tuχm]
jaune (m) d'œuf	зардии тухм	[zardi:i tuχm]
poisson (m)	моҳӣ	[mohi:]
fruits (m pl) de mer	маҳсулоти баҳрӣ	[mahsuloti bahri:]
crustacés (m pl)	буғумпойҳо	[buʁumpojho]
caviar (m)	тухми моҳӣ	[tuχmi mohi:]
crabe (m)	харчанг	[χartʃang]
crevette (f)	креветка	[krevetka]
huître (f)	садафак	[sadafak]
langoustine (f)	лангуст	[langust]
poulpe (m)	ҳаштпо	[haʃtpo]
calamar (m)	калмар	[kalmar]
esturgeon (m)	гӯшти тосмоҳӣ	[gœʃti tosmohi:]
saumon (m)	озодмоҳӣ	[ozodmohi:]
flétan (m)	палтус	[paltus]
morue (f)	равғанмоҳӣ	[ravʁanmohi:]
maquereau (m)	зағӯтамоҳӣ	[zaʁœtamohi:]
thon (m)	самак	[samak]
anguille (f)	мормоҳӣ	[mormohi:]
truite (f)	гулмоҳӣ	[gulmohi:]
sardine (f)	саморис	[samorɪs]
brochet (m)	шӯртан	[ʃœrtan]
hareng (m)	шӯрмоҳӣ	[ʃœrmohi:]
pain (m)	нон	[non]
fromage (m)	панир	[panir]
sucre (m)	шакар	[ʃakar]
sel (m)	намак	[namak]
riz (m)	биринҷ	[birindʒ]
pâtes (m pl)	макарон	[makaron]
nouilles (f pl)	угро	[ugro]

beurre (m)	равғани маска	[ravʁani maska]
huile (f) végétale	равғани пок	[ravʁani pok]
huile (f) de tournesol	равғани офтобпараст	[ravʁani oftobparast]
margarine (f)	маргарин	[margarin]
olives (f pl)	зайтун	[zajtun]
huile (f) d'olive	равғани зайтун	[ravʁani zajtun]
lait (m)	шир	[ʃir]
lait (m) condensé	ширқиём	[ʃirqijɔm]
yogourt (m)	йогурт	[jɔgurt]
crème (f) aigre	қаймок	[qajmok]
crème (f) (de lait)	қаймоқ	[qajmoq]
sauce (f) mayonnaise	майонез	[majɔnez]
crème (f) au beurre	крем	[krem]
gruau (m)	ярма	[jarma]
farine (f)	орд	[ord]
conserves (f pl)	консерв	[konserv]
pétales (m pl) de maïs	бадроқи чуворимакка	[badroqi dʒuvorimakka]
miel (m)	асал	[asal]
confiture (f)	чем	[dʒem]
gomme (f) à mâcher	сақич, илк	[saqitʃ], [ilq]

53. Les boissons

eau (f)	об	[ob]
eau (f) potable	оби нӯшиданӣ	[obi nœʃidani:]
eau (f) minérale	оби минералӣ	[obi minerali:]
plate (adj)	бе газ	[be gaz]
gazeuse (l'eau ~)	газнок	[gaznok]
pétillante (adj)	газдор	[gazdor]
glace (f)	ях	[jaχ]
avec de la glace	бо ях, яхдор	[bo jaχ], [jaχdor]
sans alcool	беалкогол	[bealkogol]
boisson (f) non alcoolisée	нӯшокии беалкогол	[nœʃoki:i bealkogol]
rafraîchissement (m)	нӯшокии хунук	[nœʃoki:i χunuk]
limonade (f)	лимонад	[limonad]
boissons (f pl) alcoolisées	нӯшокиҳои спиртӣ	[nœʃokihoi spirti:]
vin (m)	шароб, май	[ʃarob], [maj]
vin (m) blanc	маи ангури сафед	[mai anguri safed]
vin (m) rouge	маи арғувонӣ	[mai arʁuvoni:]
liqueur (f)	ликёр	[likjɔr]
champagne (m)	шампан	[ʃampan]
vermouth (m)	вермут	[vermut]

whisky (m)	виски	[viski]
vodka (f)	арақ, водка	[araq], [vodka]
gin (m)	чин	[ʤin]
cognac (m)	коняк	[konjak]
rhum (m)	ром	[rom]
café (m)	қаҳва	[qahva]
café (m) noir	қаҳваи сиёҳ	[qahvai sijɔh]
café (m) au lait	ширқаҳва	[ʃirqahva]
cappuccino (m)	капучино	[kaputʃino]
café (m) soluble	қаҳваи кӯфта	[qahvai kœfta]
lait (m)	шир	[ʃir]
cocktail (m)	коктейл	[koktejl]
cocktail (m) au lait	коктейли ширй	[koktejli ʃiri:]
jus (m)	шарбат	[ʃarbat]
jus (m) de tomate	шираи помидор	[ʃirai pomidor]
jus (m) d'orange	афшураи афлесун	[afʃurai aflesun]
jus (m) pressé	афшураи тоза тайёршуда	[afʃurai toza tajjɔrʃuda]
bière (f)	пиво	[pivo]
bière (f) blonde	оби ҷави шафоф	[obi ʤavi ʃafof]
bière (f) brune	оби ҷави торик	[obi ʤavi torik]
thé (m)	чой	[tʃoj]
thé (m) noir	чойи сиёҳ	[tʃoji sijɔh]
thé (m) vert	чои кабуд	[tʃoi kabud]

54. Les légumes

légumes (m pl)	сабзавот	[sabzavot]
verdure (f)	сабзавот	[sabzavot]
tomate (f)	помидор	[pomidor]
concombre (m)	бодиринг	[bodiring]
carotte (f)	сабзӣ	[sabzi:]
pomme (f) de terre	картошка	[kartoʃka]
oignon (m)	пиёз	[pijɔz]
ail (m)	сир	[sir]
chou (m)	карам	[karam]
chou-fleur (m)	гулкарам	[gulkaram]
chou (m) de Bruxelles	карами бруসселй	[karami brusseli:]
brocoli (m)	карами брокколй	[karami brokkoli:]
betterave (f)	лаблабу	[lablabu]
aubergine (f)	бодинҷон	[bodinʤon]
courgette (f)	таррак	[tarrak]

potiron (m)	каду	[kadu]
navet (m)	шалғам	[ʃalʁam]
persil (m)	чаъфарй	[dʒaˈfariː]
fenouil (m)	шибит	[ʃibit]
laitue (f) (salade)	коху	[kohu]
céleri (m)	карафс	[karafs]
asperge (f)	морчӯба	[mortʃœba]
épinard (m)	испаноқ	[ispanoq]
pois (m)	нахӯд	[naxœd]
fèves (f pl)	лӯбиё	[lœbijɔ]
maïs (m)	чуворимакка	[dʒuvorimakka]
haricot (m)	лӯбиё	[lœbijɔ]
poivron (m)	қаламфур	[qalamfur]
radis (m)	шалғамча	[ʃalʁamtʃa]
artichaut (m)	анганор	[anganor]

55. Les fruits. Les noix

fruit (m)	мева	[meva]
pomme (f)	себ	[seb]
poire (f)	мурӯд, нок	[murœd], [nok]
citron (m)	лиму	[limu]
orange (f)	афлесун, пӯртахол	[aflesun], [pœrtaxol]
fraise (f)	қулфинай	[qulfinaj]
mandarine (f)	норанг	[norang]
prune (f)	олу	[olu]
pêche (f)	шафтолу	[ʃaftolu]
abricot (m)	дарахти зардолу	[daraxti zardolu]
framboise (f)	тамашк	[tamaʃk]
ananas (m)	ананас	[ananas]
banane (f)	банан	[banan]
pastèque (f)	тарбуз	[tarbuz]
raisin (m)	ангур	[angur]
cerise (f)	олуболу	[olubolu]
merise (f)	гелос	[gelos]
pamplemousse (m)	норинч	[norindʒ]
avocat (m)	авокадо	[avokado]
papaye (f)	папайя	[papajja]
mangue (f)	анбаҳ	[anbah]
grenade (f)	анор	[anor]
groseille (f) rouge	коти сурх	[koti surx]
cassis (m)	қоти сиёҳ	[qoti sijɔh]
groseille (f) verte	бектош	[bektoʃiː]

| myrtille (f) | черника | [ʧernika] |
| mûre (f) | марминчон | [marmindʒon] |

raisin (m) sec	мавиз	[maviz]
figue (f)	анчир	[andʒir]
datte (f)	хурмо	[χurmo]

cacahuète (f)	финдуки заминй	[finduki zamini:]
amande (f)	бодом	[bodom]
noix (f)	чормаѓз	[ʧormaʁz]
noisette (f)	финдиқ	[findiq]
noix (f) de coco	норгил	[norgil]
pistaches (f pl)	писта	[pista]

56. Le pain. Les confiseries

confiserie (f)	маҳсулоти қанноди	[mahsuloti qannodi]
pain (m)	нон	[non]
biscuit (m)	кулчақанд	[kulʧaqand]

chocolat (m)	шоколад	[ʃokolad]
en chocolat (adj)	... и шоколад,	[i ʃokolad],
	шоколадй	[ʃokoladi:]
bonbon (m)	конфет	[konfet]
gâteau (m), pâtisserie (f)	пирожни	[piroʒni]
tarte (f)	торт	[tort]

| gâteau (m) | пирог | [pirog] |
| garniture (f) | пур кардани, андохтани | [pur kardani], [andoχtani] |

confiture (f)	мураббо	[murabbo]
marmelade (f)	мармалод	[marmalod]
gaufre (f)	вафлй	[vafli:]
glace (f)	яхмос	[jaχmos]
pudding (m)	пудинг	[puding]

57. Les épices

sel (m)	намак	[namak]
salé (adj)	шӯр	[ʃœr]
saler (vt)	намак андохтан	[namak andoχtan]

poivre (m) noir	мурчи сиёх	[murʧi sijɔh]
poivre (m) rouge	мурчи сурх	[murʧi surχ]
moutarde (f)	хардал	[χardal]
raifort (m)	қаҳзак	[qahzak]
condiment (m)	хӯриш	[χœriʃ]
épice (f)	дорувор	[doruvor]

sauce (f)	қайла	[qajla]
vinaigre (m)	сирко	[sirko]
anis (m)	тухми бодиён	[tuχmi bodijɔn]
basilic (m)	нозбӯй, райҳон	[nozbœj], [rajhon]
clou (m) de girofle	қаланфури гардан	[qalanfuri gardan]
gingembre (m)	занчабил	[zanʤabil]
coriandre (m)	кашнич	[kaʃniʤ]
cannelle (f)	дорчин, долчин	[dortʃin], [doltʃin]
sésame (m)	кунчид	[kunʤid]
feuille (f) de laurier	барги ғор	[bargi ʁor]
paprika (m)	қаламфур	[qalamfur]
cumin (m)	зира	[zira]
safran (m)	заъфарон	[za'faron]

BOOKS

TℰP BOOKS

LES DONNÉES PERSONNELLES. PERSONNELLES. LA FAMILLE

T&P Books Publishing

prénom (m)	ном	[nom]
nom (m) de famille	фамилия	[familija]
date (f) de naissance	рӯзи таваллуд	[rœzi tavallud]
lieu (m) de naissance	ҷойи таваллуд	[dʒoji tavallud]

nationalité (f)	миллият	[millijat]
domicile (m)	ҷои истиқомат	[dʒoi istiqomat]
pays (m)	кишвар	[kiʃvar]
profession (f)	касб	[kasb]

sexe (m)	ҷинс	[dʒins]
taille (f)	қад	[qad]
poids (m)	вазн	[vazn]

mère (f)	модар	[modar]
père (m)	падар	[padar]
fils (m)	писар	[pisar]
fille (f)	духтар	[duχtar]

fille (f) cadette	духтари хурдӣ	[duχtari χurdi:]
fils (m) cadet	писари хурдӣ	[pisari χurdi:]
fille (f) aînée	духтари калонӣ	[duχtari kaloni:]
fils (m) aîné	писари калонӣ	[pisari kaloni:]

frère (m)	бародар	[barodar]
frère (m) aîné	ака	[aka]
frère (m) cadet	додар	[dodar]
sœur (f)	хоҳар	[χohar]
sœur (f) aînée	апа	[apa]
sœur (f) cadette	хоҳари хурд	[χohari χurd]

cousin (m)	амакписар (ама-, таго-, хола-)	[amakpisar] ([ama], [taʁo], [χola])
cousine (f)	амакдухтар (ама-, таго-, хола-)	[amakduχtar] ([ama], [taʁo], [χola])

maman (f)	модар, оча	[modar], [otʃa]
papa (m)	дада	[dada]
parents (m pl)	волидайн	[volidajn]
enfant (m, f)	кӯдак	[kœdak]

enfants (pl)	бачагон, кӯдакон	[batʃagon], [kœdakon]
grand-mère (f)	модаркалон, онакалон	[modarkalon], [onakalon]
grand-père (m)	бобо	[bobo]
petit-fils (m)	набера	[nabera]
petite-fille (f)	набера	[nabera]
petits-enfants (pl)	набераҳо	[naberaho]

oncle (m)	таѓо, амак	[taʁo], [amak]
tante (f)	хола, амма	[χola], [amma]
neveu (m)	ҷиян	[dʒijan]
nièce (f)	ҷиян	[dʒijan]

belle-mère (f)	модарарӯс	[modararœs]
beau-père (m)	падаршӯй	[padarʃœj]
gendre (m)	почо, язна	[potʃo], [jazna]
belle-mère (f)	модарандар	[modarandar]
beau-père (m)	падарандар	[padarandar]

nourrisson (m)	бачаи ширмак	[batʃai ʃirmak]
bébé (m)	кӯдаки ширмак	[kœdaki ʃirmak]
petit (m)	писарча, кӯдак	[pisartʃa], [kœdak]

femme (f)	зан	[zan]
mari (m)	шавҳар, шӯй	[ʃavhar], [ʃœj]
époux (m)	завҷ	[zavdʒ]
épouse (f)	завҷа	[zavdʒa]

marié (adj)	зандор	[zandor]
mariée (adj)	шавҳардор	[ʃavhardor]
célibataire (adj)	безан	[bezan]
célibataire (m)	безан	[bezan]
divorcé (adj)	ҷудошудагӣ	[dʒudoʃudagi:]
veuve (f)	бева, бевазан	[beva], [bevazan]
veuf (m)	бева, занмурда	[beva], [zanmurda]

parent (m)	хеш	[χeʃ]
parent (m) proche	хеши наздик	[χeʃi nazdik]
parent (m) éloigné	хеши дур	[χeʃi dur]
parents (m pl)	хешу табор	[χeʃu tabor]

orphelin (m)	ятимбача	[jatimbatʃa]
orpheline (f)	ятимдухтар	[jatimduχtar]
tuteur (m)	васӣ	[vasi:]
adopter (un garçon)	писар хондан	[pisar χondan]
adopter (une fille)	духтархонд кардан	[duχtarχond kardan]

60. Les amis. Les collègues

| ami (m) | дӯст, ҷӯра | [dœst], [dʒœra] |
| amie (f) | дугона | [dugona] |

| amitié (f) | дӯстй, чӯрагй | [dœsti:], [dʒœragi:] |
| être ami | дӯстй кардан | [dœsti: kardan] |

copain (m)	дуст, рафик	[dust], [rafik]
copine (f)	шинос	[ʃinos]
partenaire (m)	шарик	[ʃarik]

chef (m)	сардор	[sardor]
supérieur (m)	сардор	[sardor]
propriétaire (m)	соҳиб	[sohib]
subordonné (m)	зердаст	[zerdast]
collègue (m, f)	ҳамкор	[hamkor]

connaissance (f)	шинос, ошно	[ʃinos], [oʃno]
compagnon (m) de route	ҳамроҳ	[hamroh]
copain (m) de classe	ҳамсинф	[hamsinf]

voisin (m)	ҳамсоя	[hamsoja]
voisine (f)	ҳамсоязан	[hamsojazan]
voisins (m pl)	ҳамсояҳо	[hamsojaho]

LE CORPS HUMAIN.
LES MÉDICAMENTS

T&P Books Publishing

tête (f)	сар	[sar]
visage (m)	рӯй	[rœj]
nez (m)	бинӣ	[bini:]
bouche (f)	даҳон	[dahon]

œil (m)	чашм, дида	[ʧaʃm], [dida]
les yeux	чашмон	[ʧaʃmon]
pupille (f)	гавҳараки чашм	[gavharaki ʧaʃm]
sourcil (m)	абрӯ, қош	[abrœ], [qoʃ]
cil (m)	мижа	[miʒa]
paupière (f)	пилкҳои чашм	[pilkhoi ʧaʃm]

langue (f)	забон	[zabon]
dent (f)	дандон	[dandon]
lèvres (f pl)	лабҳо	[labho]
pommettes (f pl)	устухони рухсора	[ustuχoni ruχsora]
gencive (f)	зираи дандон	[zirai dandon]
palais (m)	ком	[kom]

narines (f pl)	сурохии бинӣ	[suroχi:i bini:]
menton (m)	манаҳ	[manah]
mâchoire (f)	ҷоғ	[ʤoʁ]
joue (f)	рухсор	[ruχsor]

front (m)	пешона	[peʃona]
tempe (f)	чакка	[ʧakka]
oreille (f)	гӯш	[gœʃ]
nuque (f)	пушти сар	[puʃti sar]
cou (m)	гардан	[gardan]
gorge (f)	гулӯ	[gulœ]

cheveux (m pl)	мӯйи сар	[mœji sar]
coiffure (f)	ороиши мӯйсар	[oroiʃi mœjsar]
coupe (f)	ороиши мӯйсар	[oroiʃi mœjsar]
perruque (f)	мӯи ориятӣ	[mœi orijati:]

moustache (f)	муйлаб, бурут	[mujlab], [burut]
barbe (f)	риш	[riʃ]
porter (~ la barbe)	мондан, доштан	[mondan], [doʃtan]
tresse (f)	кокул	[kokul]
favoris (m pl)	риши бари рӯй	[riʃi bari rœj]

| roux (adj) | сурхмуй | [surχmuj] |
| gris, grisonnant (adj) | сафед | [safed] |

chauve (adj)	одамсар	[odamsar]
calvitie (f)	тосии сар	[tosi:i sar]
queue (f) de cheval	думча	[dumʧa]
frange (f)	пича	[piʧa]

62. Le corps humain

main (f)	панчаи даст	[pandʒai dast]
bras (m)	даст	[dast]
doigt (m)	ангушт	[anguʃt]
orteil (m)	чилик, ангушт	[ʧilik], [anguʃt]
pouce (m)	нарангушт	[naranguʃt]
petit doigt (m)	ангушти хурд	[anguʃti χurd]
ongle (m)	нохун	[noχun]
poing (m)	кулак, мушт	[kulak], [muʃt]
paume (f)	каф	[kaf]
poignet (m)	банди даст	[bandi dast]
avant-bras (m)	бозу	[bozu]
coude (m)	оринч	[orindʒ]
épaule (f)	китф	[kitf]
jambe (f)	по	[po]
pied (m)	панчаи пой	[pandʒai poj]
genou (m)	зону	[zonu]
mollet (m)	соқи по	[soqi po]
hanche (f)	миён	[mijɔn]
talon (m)	пошна	[poʃna]
corps (m)	бадан	[badan]
ventre (m)	шикам	[ʃikam]
poitrine (f)	сина	[sina]
sein (m)	сина, пистон	[sina], [piston]
côté (m)	пахлу	[pahlu]
dos (m)	пушт	[puʃt]
reins (région lombaire)	камаргох	[kamargoh]
taille (f) (~ de guêpe)	миён	[mijɔn]
nombril (m)	ноф	[nof]
fesses (f pl)	сурин	[surin]
derrière (m)	сурин	[surin]
grain (m) de beauté	хол	[χol]
tache (f) de vin	хол	[χol]
tatouage (m)	вашм	[vaʃm]
cicatrice (f)	доғи захм	[doʁi zaχm]

63. Les maladies

maladie (f)	касалӣ, беморӣ	[kasali:], [bemori:]
être malade	бемор будан	[bemor budan]
santé (f)	тандурустӣ, саломатӣ	[tandurusti:], [salomati:]
rhume (m) (coryza)	зуком	[zukom]
angine (f)	дарди гулӯ	[dardi gulœ]
refroidissement (m)	шамол хӯрдани	[ʃamol χœrdani]
prendre froid	шамол хӯрдан	[ʃamol χœrdan]
bronchite (f)	бронхит	[bronχit]
pneumonie (f)	варами шуш	[varami ʃuʃ]
grippe (f)	грипп	[gripp]
myope (adj)	наздикбин	[nazdikbin]
presbyte (adj)	дурбин	[durbin]
strabisme (m)	олусӣ	[olusi:]
strabique (adj)	олус	[olus]
cataracte (f)	катаракта	[katarakta]
glaucome (m)	глаукома	[glaukoma]
insulte (f)	сактаи майна	[saktai majna]
crise (f) cardiaque	инфаркт, сактаи дил	[infarkt], [saktai dil]
infarctus (m) de myocarde	инфаркти миокард	[infarkti miokard]
paralysie (f)	фалач	[faladʒ]
paralyser (vt)	фалач шудан	[faladʒ ʃudan]
allergie (f)	аллергия	[allergija]
asthme (m)	астма, зиққи нафас	[astma], [ziqqi nafas]
diabète (m)	диабет	[diabet]
mal (m) de dents	дарди дандон	[dardi dandon]
carie (f)	кариес	[karies]
diarrhée (f)	шикамрав	[ʃikamrav]
constipation (f)	қабзият	[qabzijat]
estomac (m) barbouillé	вайроншавии меъда	[vajronʃavi:i me'da]
intoxication (f) alimentaire	захролудшавӣ	[zahroludʃavi:]
être intoxiqué	захролуд шудан	[zahrolud ʃudan]
arthrite (f)	артрит	[artrit]
rachitisme (m)	рахит, чиллаашӯр	[raχit], [tʃillaaʃœr]
rhumatisme (m)	тарбод	[tarbod]
athérosclérose (f)	атеросклероз	[ateroskleroz]
gastrite (f)	гастрит	[gastrit]
appendicite (f)	варами кӯррӯда	[varami kœrrœda]
cholécystite (f)	холетсистит	[χoletsistit]
ulcère (m)	захм	[zaχm]
rougeole (f)	сурхча, сурхак	[surχtʃa], [surχak]

rubéole (f)	сурхакон	[surχakon]
jaunisse (f)	зардча, заъфарма	[zardʧa], [za'farma]
hépatite (f)	гепатит, кубод	[gepatit], [qubod]

schizophrénie (f)	маҷзубият	[madʒubijat]
rage (f) (hydrophobie)	ҳорӣ	[hori:]
névrose (f)	невроз, чунун	[nevroz], [ʧunun]
commotion (f) cérébrale	зарб хӯрдани майна	[zarb χœrdani majna]

cancer (m)	саратон	[saraton]
sclérose (f)	склероз	[skleroz]
sclérose (f) en plaques	склерози густаришёфта	[sklerozi gustariʃʃɔfta]

alcoolisme (m)	майзадагӣ	[majzadagi:]
alcoolique (m)	майзада	[majzada]
syphilis (f)	оташак	[otaʃak]
SIDA (m)	СПИД	[spid]

tumeur (f)	варам	[varam]
maligne (adj)	ганда	[ganda]
bénigne (adj)	безарар	[bezarar]

fièvre (f)	табларза, вараҷа	[tablarza], [varadʒa]
malaria (f)	вараҷа	[varadʒa]
gangrène (f)	гангрена	[gangrena]
mal (m) de mer	касалии баҳр	[kasali:i bahr]
épilepsie (f)	саръ	[sar']

épidémie (f)	эпидемия	[ɛpidemija]
typhus (m)	арақа, домана	[araqa], [domana]
tuberculose (f)	сил	[sil]
choléra (m)	вабо	[vabo]
peste (f)	тоун	[toun]

64. Les symptômes. Le traitement. Partie 1

symptôme (m)	аломат	[alomat]
température (f)	ҳарорат, таб	[harorat], [tab]
fièvre (f)	ҳарорати баланд	[harorati baland]
pouls (m)	набз	[nabz]

vertige (m)	саргардӣ	[sargardi:]
chaud (adj)	гарм	[garm]
frisson (m)	ларза, вараҷа	[larza], [varadʒa]
pâle (adj)	рангпарида	[rangparida]

toux (f)	сулфа	[sulfa]
tousser (vi)	сулфидан	[sulfidan]
éternuer (vi)	атса задан	[atsa zadan]
évanouissement (m)	беҳушӣ	[behuʃi:]

s'évanouir (vp)	бехуш шудан	[behuʃ ʃudan]
bleu (m)	доғи кабуд, кабудӣ	[doʁi kabud], [kabudi:]
bosse (f)	ғуррӣ	[ʁurri:]
se heurter (vp)	зада шудан	[zada ʃudan]
meurtrissure (f)	лат	[lat]
se faire mal	лату кӯб хӯрдан	[latu kœb χœrdan]
boiter (vi)	лангидан	[langidan]
foulure (f)	баромадан	[baromadan]
se démettre (l'épaule, etc.)	баровардан	[barovardan]
fracture (f)	шикасти устухон	[ʃikasti ustuχon]
avoir une fracture	устухон шикастан	[ustuχon ʃikastan]
coupure (f)	буриш	[buriʃ]
se couper (~ le doigt)	буридан	[buridan]
hémorragie (f)	хунравӣ	[χunravi:]
brûlure (f)	сӯхта	[sœχta]
se brûler (vp)	сӯзондан	[sœzondan]
se piquer (le doigt)	халондан	[χalondan]
se piquer (vp)	халидан	[χalidan]
blesser (vt)	осеб дидан	[oseb didan]
blessure (f)	захм	[zaχm]
plaie (f) (blessure)	захм, реш	[zaχm], [reʃ]
trauma (m)	захм	[zaχm]
délirer (vi)	алой гуфтан	[aloi: guftan]
bégayer (vi)	тутила шудан	[tutila ʃudan]
insolation (f)	офтобзанӣ	[oftobzani:]

65. Les symptômes. Le traitement. Partie 2

douleur (f)	дард	[dard]
écharde (f)	хор, зиреба	[χor], [zireba]
sueur (f)	арақ	[araq]
suer (vi)	арақ кардан	[araq kardan]
vomissement (m)	қайкунӣ	[qajkuni:]
spasmes (m pl)	рагкашӣ	[ragkaʃi:]
enceinte (adj)	ҳомила	[homila]
naître (vi)	таваллуд шудан	[tavallud ʃudan]
accouchement (m)	зоиш	[zoiʃ]
accoucher (vi)	зоидан	[zoidan]
avortement (m)	аборт, бачапартой	[abort], [batʃapartoi:]
inhalation (f)	нафасгирӣ	[nafasgiri:]
expiration (f)	нафасбарорӣ	[nafasbarori:]
expirer (vi)	нафас баровардаи	[nafas barovardai]

inspirer (vi)	нафас кашидан	[nafas kaʃidan]
invalide (m)	инвалид	[invalid]
handicapé (m)	маъюб	[ma'jub]
drogué (m)	нашъаманд	[naʃ'amand]

sourd (adj)	кар, гӯшкар	[kar], [gœʃkar]
muet (adj)	гунг	[gung]
sourd-muet (adj)	кару гунг	[karu gung]

fou (adj)	девона	[devona]
fou (m)	девона	[devona]
folle (f)	девона	[devona]
devenir fou	аз ақл бегона шудан	[az aql begona ʃudan]

gène (m)	ген	[gen]
immunité (f)	сироятнопазирӣ	[sirojatnopaziri:]
héréditaire (adj)	меросӣ, ирсӣ	[merosi:], [irsi:]
congénital (adj)	модарзод	[modarzod]

virus (m)	вирус	[virus]
microbe (m)	микроб	[mikrob]
bactérie (f)	бактерия	[bakterija]
infection (f)	сироят	[sirojat]

66. Les symptômes. Le traitement. Partie 3

| hôpital (m) | касалхона | [kasalχona] |
| patient (m) | бемор | [bemor] |

diagnostic (m)	ташхиси касалӣ	[taʃχisi kasali:]
cure (f) (faire une ~)	муолиҷа	[muolidʒa]
traitement (m)	табобат	[tabobat]
se faire soigner	табобат гирифтан	[tabobat giriftan]
traiter (un patient)	табобат кардан	[tabobat kardan]
soigner (un malade)	нигоҳубин кардан	[nigohubin kardan]
soins (m pl)	нигоҳубин	[nigohubin]

opération (f)	ҷарроҳи	[dʒarrohi]
panser (vt)	бо бандина бастан	[bo bandina bastan]
pansement (m)	ҷароҳатбандӣ	[dʒarohatbandi:]

vaccination (f)	доругузаронӣ	[doruguzaroni:]
vacciner (vt)	эмгузаронӣ кардан	[ɛmguzaroni: kardan]
piqûre (f)	сӯзанзанӣ	[sœzanzani:]
faire une piqûre	сӯзандору кардан	[sœzandoru kardan]

crise, attaque (f)	хуруҷ	[χurudʒ]
amputation (f)	ампутатсия	[amputatsija]
amputer (vt)	ампутатсия кардан	[amputatsija kardan]
coma (m)	кома, игмо	[koma], [igmo]

être dans le coma	дар кома будан	[dar koma budan]
réanimation (f)	шӯъбаи эхё	[ʃœ'bai ɛhjɔ]
se rétablir (vp)	сихат шудан	[sihat ʃudan]
état (m) (de santé)	ахвол	[ahvol]
conscience (f)	хуш	[huʃ]
mémoire (f)	хофиза	[hofiza]
arracher (une dent)	кандан	[kandan]
plombage (m)	пломба	[plomba]
plomber (vt)	пломба занондан	[plomba zanondan]
hypnose (f)	гипноз	[gipnoz]
hypnotiser (vt)	гипноз кардан	[gipnoz kardan]

67. Les médicaments. Les accessoires

médicament (m)	дору	[doru]
remède (m)	дору	[doru]
prescrire (vt)	таъйин кардан	[ta'jin kardan]
ordonnance (f)	нусхаи даво	[nusχai davo]
comprimé (m)	хаб	[hab]
onguent (m)	мархам	[marham]
ampoule (f)	ампул	[ampul]
mixture (f)	доруи обакӣ	[dorui obaki:]
sirop (m)	сироп	[sirop]
pilule (f)	хаб	[hab]
poudre (f)	хока	[χoka]
bande (f)	дока	[doka]
coton (m) (ouate)	пахта	[paχta]
iode (m)	йод	[jɔd]
sparadrap (m)	лейкопластир	[lejkoplastir]
compte-gouttes (m)	қатрачакон	[qatratʃakon]
thermomètre (m)	хароратсанч	[haroratsandʒ]
seringue (f)	обдуздак	[obduzdak]
fauteuil (m) roulant	аробачаи маъюбй	[arobatʃai ma'jubi:]
béquilles (f pl)	бағаласо	[baʁalaso]
anesthésique (m)	доруи дард	[dorui dard]
purgatif (m)	мусхил	[mushil]
alcool (m)	спирт	[spirt]
herbe (f) médicinale	растанихои доругй	[rastanihoi dorugi:]
d'herbes (adj)	… и алаф	[i alaf]

T&P BOOKS

L'APPARTEMENT

T&P Books Publishing

68. L'appartement

appartement (m)	манзил	[manzil]
chambre (f)	хона, ӯтоқ	[χona], [œtoq]
chambre (f) à coucher	хонаи хоб	[χonai χob]
salle (f) à manger	хонаи хӯрокхӯрӣ	[χonai χœrokχœri:]
salon (m)	меҳмонхона	[mehmonχona]
bureau (m)	утоқ	[utoq]

antichambre (f)	мадхал, даҳлез	[madχal], [dahlez]
salle (f) de bains	ваннахона	[vannaχona]
toilettes (f pl)	ҳоҷатхона	[hoʤatχona]

plafond (m)	шифт	[ʃift]
plancher (m)	фарш	[farʃ]
coin (m)	кунҷ	[kunʤ]

69. Les meubles. L'intérieur

meubles (m pl)	мебел	[mebel]
table (f)	миз	[miz]
chaise (f)	курсӣ	[kursi:]
lit (m)	кат	[kat]
canapé (m)	диван	[divan]
fauteuil (m)	курсӣ	[kursi:]

bibliothèque (f) (meuble)	ҷевони китобмонӣ	[ʤevoni kitobmoni:]
rayon (m)	раф, рафча	[raf], [raftʃa]

armoire (f)	ҷевони либос	[ʤevoni libos]
patère (f)	либосовезак	[libosovezak]
portemanteau (m)	либосовезак	[libosovezak]

commode (f)	ҷевон	[ʤevon]
table (f) basse	мизи қаҳва	[mizi qahva]

miroir (m)	оина	[oina]
tapis (m)	гилем, қолин	[gilem], [qolin]
petit tapis (m)	гилемча	[gilemtʃa]

cheminée (f)	оташдон	[otaʃdon]
bougie (f)	шамъ	[ʃam']
chandelier (m)	шамъдон	[ʃam'don]
rideaux (m pl)	парда	[parda]

| papier (m) peint | зардеворӣ | [zardevori:] |
| jalousie (f) | жалюзи | [ʒaljuzi] |

lampe (f) de table	чароги мизӣ	[tʃaroʁi mizi:]
applique (f)	чарогак	[tʃaroʁak]
lampadaire (m)	торшер	[torʃer]
lustre (m)	қандил	[qandil]

pied (m) (~ de la table)	поя	[poja]
accoudoir (m)	оринчмонаки курсӣ	[orindʒmonaki kursi:]
dossier (m)	пуштаки курсӣ	[puʃtaki kursi:]
tiroir (m)	галадон	[ʁaladon]

70. La literie

linge (m) de lit	чилдхои болишту бистар	[dʒildhoi boliʃtu bistar]
oreiller (m)	болишт	[boliʃt]
taie (f) d'oreiller	чилди болишт	[dʒildi boliʃt]
couverture (f)	кӯрпа	[kœrpa]
drap (m)	чойпӯш	[dʒojpœʃ]
couvre-lit (m)	болопӯш	[bolopœʃ]

71. La cuisine

cuisine (f)	ошхона	[oʃχona]
gaz (m)	газ	[gaz]
cuisinière (f) à gaz	плитаи газ	[plitai gaz]
cuisinière (f) électrique	плитаи электрикӣ	[plitai ɛlektriki:]
four (m) micro-ondes	микроволновка	[mikrovolnovka]

réfrigérateur (m)	яхдон	[jaχdon]
congélateur (m)	яхдон	[jaχdon]
lave-vaisselle (m)	мошини зарфшӯй	[moʃini zarfʃœj]

hachoir (m) à viande	мошини гӯшткӯбӣ	[moʃini gœʃtkœbi:]
centrifugeuse (f)	шарбатафшурак	[ʃarbatafʃurak]
grille-pain (m)	тостер	[toster]
batteur (m)	миксер	[mikser]

machine (f) à café	қаҳвачӯшонак	[qahvadʒœʃonak]
cafetière (f)	зарфи қаҳвачӯшонӣ	[zarfi qahvadʒœʃoni:]
moulin (m) à café	дастоси қаҳва	[dastosi qahva]

bouilloire (f)	чойник	[tʃojnik]
théière (f)	чойник	[tʃojnik]
couvercle (m)	сарпӯш	[sarpœʃ]
passoire (f) à thé	галберча	[ʁalbertʃa]

cuillère (f)	қошуқ	[qoʃuq]
petite cuillère (f)	чойкошук	[tʃojkoʃuk]
cuillère (f) à soupe	қошуқи ошхӯрӣ	[qoʃuqi oʃχœri:]
fourchette (f)	чангча, чангол	[tʃangtʃa], [tʃangol]
couteau (m)	корд	[kord]

vaisselle (f)	табақ	[tabaq]
assiette (f)	тақсимча	[taqsimtʃa]
soucoupe (f)	тақсимӣ, тақсимича	[taqsimi:], [taqsimitʃa]

verre (m) à shot	рюмка	[rjumka]
verre (m) (~ d'eau)	стакан	[stakan]
tasse (f)	косача	[kosatʃa]

sucrier (m)	шакардон	[ʃakardon]
salière (f)	намакдон	[namakdon]
poivrière (f)	қаламфурдон	[qalamfurdon]
beurrier (m)	равғандон	[ravʁandon]

casserole (f)	дегча	[degtʃa]
poêle (f)	тоба	[toba]
louche (f)	кафлез, обгардон, сархумӣ	[kaflez], [obgardon], [sarχumi:]
plateau (m)	лаълӣ	[la'li:]

bouteille (f)	шиша, сурохӣ	[ʃiʃa], [surohi:]
bocal (m) (à conserves)	банкаи шишагӣ	[bankai ʃiʃagi:]
boîte (f) en fer-blanc	банкаи тунукагӣ	[bankai tunukagi:]

ouvre-bouteille (m)	саркушояк	[sarkuʃojak]
ouvre-boîte (m)	саркушояк	[sarkuʃojak]
tire-bouchon (m)	пӯккашак	[pœkkaʃak]
filtre (m)	филтр	[filtr]
filtrer (vt)	полоидан	[poloidan]

| ordures (f pl) | ахлот | [aχlot] |
| poubelle (f) | сатили ахлот | [satili aχlot] |

72. La salle de bains

salle (f) de bains	ваннахона	[vannaχona]
eau (f)	об	[ob]
robinet (m)	чуммак, мил	[dʒummak], [mil]
eau (f) chaude	оби гарм	[obi garm]
eau (f) froide	оби сард	[obi sard]

dentifrice (m)	хамираи дандон	[χamirai dandon]
se brosser les dents	дандон шустан	[dandon ʃustan]
brosse (f) à dents	чӯткаи дандоншӯй	[tʃœtkai dandonʃœi:]
se raser (vp)	риш гирифтан	[riʃ giriftan]

mousse (f) à raser	кафки ришгирй	[kafki riʃgiri:]
rasoir (m)	ришгирак	[riʃgirak]
laver (vt)	шустан	[ʃustan]
se laver (vp)	шустушӯ кардан	[ʃustuʃœ kardan]
prendre une douche	ба душ даромадан	[ba duʃ daromadan]
baignoire (f)	ванна	[vanna]
cuvette (f)	нишастгоҳи халоҷо	[niʃastgohi χalodʒo]
lavabo (m)	дастшӯяк	[dastʃœjak]
savon (m)	собун	[sobun]
porte-savon (m)	собундон	[sobundon]
éponge (f)	исфанҷ	[isfandʒ]
shampooing (m)	шампун	[ʃampun]
serviette (f)	сачоқ	[satʃoq]
peignoir (m) de bain	халат	[χalat]
lessive (f) (faire la ~)	ҷомашӯй	[dʒomaʃœi:]
machine (f) à laver	мошини ҷомашӯй	[moʃini dʒomaʃœi:]
faire la lessive	ҷомашӯй кардан	[dʒomaʃœi: kardan]
lessive (f) (poudre)	хокаи ҷомашӯй	[χokai dʒomaʃœi:]

73. Les appareils électroménagers

téléviseur (m)	телевизор	[televizor]
magnétophone (m)	магнитафон	[magnitafon]
magnétoscope (m)	видеомагнитафон	[videomagnitafon]
radio (f)	радио	[radio]
lecteur (m)	плеер	[pleer]
vidéoprojecteur (m)	видеопроектор	[videoproektor]
home cinéma (m)	кинотеатри хонагӣ	[kinoteatri χonagi:]
lecteur DVD (m)	DVD-монак	[εθε-monak]
amplificateur (m)	қувватафзо	[quvvatafzo]
console (f) de jeux	плейстейшн	[plejstejʃn]
camescope (m)	видеокамера	[videokamera]
appareil (m) photo	фотоаппарат	[fotoapparat]
appareil (m) photo numérique	суратгираки рақамӣ	[suratgiraki raqami:]
aspirateur (m)	чангкашак	[tʃangkaʃak]
fer (m) à repasser	дарзмол	[darzmol]
planche (f) à repasser	тахтаи дарзмолкунӣ	[taχtai darzmolkuni:]
téléphone (m)	телефон	[telefon]
portable (m)	телефони мобилӣ	[telefoni mobili:]
machine (f) à écrire	мошинаи хатнависӣ	[moʃinai χatnavisi:]

machine (f) à coudre	мошинаи чокдӯзй	[moʃinai tʃokdœzi:]
micro (m)	микрофон	[mikrofon]
écouteurs (m pl)	гӯшак, гӯшпӯшак	[gœʃak], [gœʃpœʃak]
télécommande (f)	пулт	[pult]
CD (m)	компакт-диск	[kompakt-disk]
cassette (f)	кассета	[kasseta]
disque (m) (vinyle)	пластинка	[plastinka]

LA TERRE. LE TEMPS

T&P Books Publishing

cosmos (m)	кайҳон	[kajhon]
cosmique (adj)	... и кайҳон	[i kajhon]
espace (m) cosmique	фазои кайҳон	[fazoi kajhon]
monde (m)	чаҳон	[dʒahon]
univers (m)	коинот	[koinot]
galaxie (f)	галактика	[galaktika]
étoile (f)	ситора	[sitora]
constellation (f)	бурҷ	[burdʒ]
planète (f)	сайёра	[sajjora]
satellite (m)	радиф	[radif]
météorite (m)	метеорит, шиҳобпора	[meteorit], [ʃihobpora]
comète (f)	ситораи думдор	[sitorai dumdor]
astéroïde (m)	астероид	[asteroid]
orbite (f)	мадор	[mador]
tourner (vi)	давр задан	[davr zadan]
atmosphère (f)	атмосфера	[atmosfera]
Soleil (m)	Офтоб	[oftob]
système (m) solaire	манзумаи шамсӣ	[manzumai ʃamsi:]
éclipse (f) de soleil	гирифтани офтоб	[giriftani oftob]
Terre (f)	Замин	[zamin]
Lune (f)	Моҳ	[moh]
Mars (m)	Миррих	[mirriχ]
Vénus (f)	Зӯҳра, Ноҳид	[zœhra], [nohid]
Jupiter (m)	Муштарӣ	[muʃtari:]
Saturne (m)	Кайвон	[kajvon]
Mercure (m)	Уторид	[utorid]
Uranus (m)	Уран	[uran]
Neptune	Нептун	[neptun]
Pluton (m)	Плутон	[pluton]
la Voie Lactée	Роҳи Каҳкашон	[rohi kahkaʃon]
la Grande Ours	Дубби Акбар	[dubbi akbar]
la Polaire	Ситораи қутбӣ	[sitorai qutbi:]
martien (m)	миррихӣ	[mirriχi:]
extraterrestre (m)	инопланетянҳо	[inoplanetjanho]
alien (m)	махлуқи кайҳонӣ	[maχluqi: kajhoni:]

soucoupe (f) volante	табақи парвозкунанда	[tabaqi parvozkunanda]
vaisseau (m) spatial	киштии кайҳонӣ	[kiʃti:i kajhoni:]
station (f) orbitale	стантсияи мадорӣ	[stantsijai madori:]
lancement (m)	оғоз	[oʁoz]
moteur (m)	муҳаррик	[muharrik]
tuyère (f)	сопло	[soplo]
carburant (m)	сӯзишворӣ	[sœziʃvori:]
cabine (f)	кабина	[kabina]
antenne (f)	антенна	[antenna]
hublot (m)	иллюминатор	[illjuminator]
batterie (f) solaire	батареи офтобӣ	[batarei oftobi:]
scaphandre (m)	скафандр	[skafandr]
apesanteur (f)	бевазнӣ	[bevazni:]
oxygène (m)	оксиген	[oksigen]
arrimage (m)	пайваст	[pajvast]
s'arrimer à ...	пайваст кардан	[pajvast kardan]
observatoire (m)	расадхона	[rasadχona]
télescope (m)	телескоп	[teleskop]
observer (vt)	мушоҳида кардан	[muʃohida kardan]
explorer (un cosmos)	таҳқиқ кардан	[tahqiq kardan]

75. La Terre

Terre (f)	Замин	[zamin]
globe (m) terrestre	кураи замин	[kurai zamin]
planète (f)	сайёра	[sajjɔra]
atmosphère (f)	атмосфера	[atmosfera]
géographie (f)	география	[geografija]
nature (f)	табиат	[tabiat]
globe (m) de table	глобус	[globus]
carte (f)	харита	[χarita]
atlas (m)	атлас	[atlas]
Asie (f)	Осиё	[osijɔ]
Afrique (f)	Африқо	[afriqo]
Australie (f)	Австралия	[avstralija]
Amérique (f)	Америка	[amerika]
Amérique (f) du Nord	Америкаи Шимолӣ	[amerikai ʃimoli:]
Amérique (f) du Sud	Америкаи Ҷанубӣ	[amerikai dʒanubi:]
l'Antarctique (m)	Антарктида	[antarktida]
l'Arctique (m)	Арктика	[arktika]

76. Les quatre parties du monde

nord (m)	шимол	[ʃimol]
vers le nord	ба шимол	[ba ʃimol]
au nord	дар шимол	[dar ʃimol]
du nord (adj)	шимолӣ, ... и шимол	[ʃimoli:], [i ʃimol]
sud (m)	ҷануб	[dʒanub]
vers le sud	ба ҷануб	[ba dʒanub]
au sud	дар ҷануб	[dar dʒanub]
du sud (adj)	ҷанубӣ, ... и ҷануб	[dʒanubi:], [i dʒanub]
ouest (m)	ғарб	[ʁarb]
vers l'occident	ба ғарб	[ba ʁarb]
à l'occident	дар ғарб	[dar ʁarb]
occidental (adj)	ғарбӣ, ... и ғарб	[ʁarbi:], [i ʁarb]
est (m)	шарқ	[ʃarq]
vers l'orient	ба шарқ	[ba ʃarq]
à l'orient	дар шарқ	[dar ʃarq]
oriental (adj)	шарқӣ	[ʃarqi:]

77. Les océans et les mers

mer (f)	баҳр	[bahr]
océan (m)	уқёнус	[uqjonus]
golfe (m)	халич	[χalidʒ]
détroit (m)	гулӯгоҳ	[gulœgoh]
terre (f) ferme	хушкӣ, замин	[χuʃki:], [zamin]
continent (m)	материк, қитъа	[materik], [qit'a]
île (f)	ҷазира	[dʒazira]
presqu'île (f)	нимҷазира	[nimdʒazira]
archipel (m)	галаҷазира	[galadʒazira]
baie (f)	халич	[χalidʒ]
port (m)	бандар	[bandar]
lagune (f)	лагуна	[laguna]
cap (m)	димоға	[dimoʁa]
atoll (m)	атолл	[atoll]
récif (m)	харсанги зериобӣ	[χarsangi zeriobi:]
corail (m)	марҷон	[mardʒon]
récif (m) de corail	обсанги марҷонӣ	[obsangi mardʒoni:]
profond (adj)	чуқур	[tʃuqur]
profondeur (f)	чуқурӣ	[tʃuquri:]
abîme (m)	қаър	[qa'r]

fosse (f) océanique	чуқурӣ	[ʧuquriː]
courant (m)	чараён	[dʒarajɔn]
baigner (vt) (mer)	шустан	[ʃustan]
littoral (m)	соҳил, соҳили баҳр	[sohil], [sohili bahr]
côte (f)	соҳил	[sohil]
marée (f) haute	мадд	[madd]
marée (f) basse	чазр	[dʒazr]
banc (m) de sable	пастоб	[pastob]
fond (m)	қаър	[qaʼr]
vague (f)	мавҷ	[mavdʒ]
crête (f) de la vague	теғаи мавҷ	[teʁai mavdʒ]
mousse (f)	кафк	[kafk]
tempête (f) en mer	тӯфон, бӯрои	[tœfon], [bœroi]
ouragan (m)	тундбод	[tundbod]
tsunami (m)	сунами	[sunami]
calme (m)	сукунати ҳаво	[sukunati havo]
calme (tranquille)	ором	[orom]
pôle (m)	қутб	[qutb]
polaire (adj)	қутбӣ	[qutbiː]
latitude (f)	арз	[arz]
longitude (f)	тӯл	[tœl]
parallèle (f)	параллел	[parallel]
équateur (m)	хати истиво	[xati istivo]
ciel (m)	осмон	[osmon]
horizon (m)	уфуқ	[ufuq]
air (m)	ҳаво	[havo]
phare (m)	мино	[mino]
plonger (vi)	ғӯта задан	[ʁœta zadan]
sombrer (vi)	ғарқ шудан	[ʁarq ʃudan]
trésor (m)	ганҷ	[gandʒ]

78. Les noms des mers et des océans

océan (m) Atlantique	Уқёнуси Атлантик	[uqjɔnusi atlantik]
océan (m) Indien	Уқёнуси Ҳинд	[uqjɔnusi hind]
océan (m) Pacifique	Уқёнуси Ором	[uqjɔnusi orom]
océan (m) Glacial	Уқёнуси яхбастаи шимолӣ	[uqjɔnusi jaxbastai ʃimoliː]
mer (f) Noire	Баҳри Сиёҳ	[bahri sijɔh]
mer (f) Rouge	Баҳри Сурх	[bahri surx]
mer (f) Jaune	Баҳри Зард	[bahri zard]

mer (f) Blanche	Баҳри Сафед	[bahri safed]
mer (f) Caspienne	Баҳри Хазар	[bahri χazar]
mer (f) Morte	Баҳри Майит	[bahri majit]
mer (f) Méditerranée	Баҳри Миёназамин	[bahri mijonazamin]
mer (f) Égée	Баҳри Эгей	[bahri ɛgej]
mer (f) Adriatique	Баҳри Адриатика	[bahri adriatika]
mer (f) Arabique	Баҳри Арави	[bahri aravi]
mer (f) du Japon	Баҳри Чопон	[bahri ʤopon]
mer (f) de Béring	Баҳри Беринг	[bahri bering]
mer (f) de Chine Méridionale	Баҳри Хитойи Чанубй	[bahri χitoji ʤanubi:]
mer (f) de Corail	Баҳри Марчон	[bahri marʤon]
mer (f) de Tasman	Баҳри Тасман	[bahri tasman]
mer (f) Caraïbe	Баҳри Кариб	[bahri karib]
mer (f) de Barents	Баҳри Баренс	[bahri barens]
mer (f) de Kara	Баҳри Кара	[bahri kara]
mer (f) du Nord	Баҳри Шимолй	[bahri ʃimoli:]
mer (f) Baltique	Баҳри Балтика	[bahri baltika]
mer (f) de Norvège	Баҳри Норвегия	[bahri norvegija]

79. Les montagnes

montagne (f)	кӯҳ	[kœh]
chaîne (f) de montagnes	силсилакӯҳ	[silsilakœh]
crête (f)	қаторкӯҳ	[qatorkœh]
sommet (m)	кулла	[kulla]
pic (m)	қулла	[qulla]
pied (m)	доманаи кӯҳ	[domanai kœh]
pente (f)	нишебй	[niʃebi:]
volcan (m)	вулқон	[vulqon]
volcan (m) actif	вулқони амалкунанда	[vulqoni amalkunanda]
volcan (m) éteint	вулқони хомӯшшуда	[vulqoni χomœʃʃuda]
éruption (f)	оташфишонй	[otaʃfiʃoni:]
cratère (m)	танӯра	[tanœra]
magma (m)	магма, тафта	[magma], [tafta]
lave (f)	гудоза	[gudoza]
en fusion (lave ~)	тафта	[tafta]
canyon (m)	оббурда, дара	[obburda], [dara]
défilé (m) (gorge)	дара	[dara]
crevasse (f)	тангно	[tangno]
précipice (m)	партгоҳ	[partgoh]

col (m) de montagne	ағба	[aʁba]
plateau (m)	пуштаи кӯҳ	[puʃtai kœh]
rocher (m)	шух	[ʃuχ]
colline (f)	теппа	[teppa]

glacier (m)	пирях	[pirjaχ]
chute (f) d'eau	шаршара	[ʃarʃara]
geyser (m)	гейзер	[gejzer]
lac (m)	кул	[kul]

plaine (f)	ҳамворӣ	[hamvori:]
paysage (m)	манзара	[manzara]
écho (m)	акси садо	[aksi sado]

alpiniste (m)	кӯҳнавард	[kœhnavard]
varappeur (m)	шухпаймо	[ʃuχpajmo]
conquérir (vt)	фатҳ кардан	[fath kardan]
ascension (f)	болобарой	[bolobaroi:]

80. Les noms des chaînes de montagne

Alpes (f pl)	Кӯҳҳои Алп	[kœhhoi alp]
Mont Blanc (m)	Монблан	[monblan]
Pyrénées (f pl)	Кӯҳҳои Пиреней	[kœhhoi pirenej]

Carpates (f pl)	Кӯҳҳои Карпат	[kœhhoi karpat]
Monts Oural (m pl)	Кӯҳҳои Урал	[kœhhoi ural]
Caucase (m)	Кӯҳҳои Кавказ	[kœhhoi kavkaz]
Elbrous (m)	Елбруз	[elbruz]

Altaï (m)	Алтай	[altaj]
Tian Chan (m)	Тиёншон	[tijɔnʃon]
Pamir (m)	Кӯҳҳои Помир	[kœhhoi pomir]
Himalaya (m)	Ҳимолой	[himoloj]
Everest (m)	Эверест	[ɛverest]

| Andes (f pl) | Кӯҳҳои Анд | [kœhhoi and] |
| Kilimandjaro (m) | Килиманҷаро | [kilimandʒaro] |

81. Les fleuves

rivière (f), fleuve (m)	дарё	[darjɔ]
source (f)	чашма	[ʧaʃma]
lit (m) (d'une rivière)	маҷрои дарё	[madʒroi darjɔ]
bassin (m)	ҳавза	[havza]
se jeter dans ...	рехтан ба ...	[reχtan ba]
affluent (m)	шохоб	[ʃoχob]
rive (f)	соҳил	[sohil]

courant (m)	чараён	[dʒarajɔn]
en aval	мувофиқи рафти об	[muvofiqi rafti ob]
en amont	муқобили самти об	[muqobili samti ob]
inondation (f)	обхезй	[obχezi:]
les grandes crues	обхез	[obχez]
déborder (vt)	дамидан	[damidan]
inonder (vt)	зер кардан	[zer kardan]
bas-fond (m)	тунукоба	[tunukoba]
rapide (m)	мавҷрез	[mavdʒrez]
barrage (m)	сарбанд	[sarband]
canal (m)	канал	[kanal]
lac (m) de barrage	обанбор	[obanbor]
écluse (f)	шлюз	[ʃljuz]
plan (m) d'eau	обанбор	[obanbor]
marais (m)	ботлоқ, ботқоқ	[botloq], [botqoq]
fondrière (f)	ботлоқ	[botloq]
tourbillon (m)	гирдоб	[girdob]
ruisseau (m)	ҷӯй	[dʒœj]
potable (adj)	нӯшиданй	[nœʃidani:]
douce (l'eau ~)	ширин	[ʃirin]
glace (f)	ях	[jaχ]
être gelé	ях бастан	[jaχ bastan]

82. Les noms des fleuves

Seine (f)	Сена	[sena]
Loire (f)	Луара	[luara]
Tamise (f)	Темза	[temza]
Rhin (m)	Рейн	[rejn]
Danube (m)	Дунай	[dunaj]
Volga (f)	Волга	[volga]
Don (m)	Дон	[don]
Lena (f)	Лена	[lena]
Huang He (m)	Хуанхе	[χuanχe]
Yangzi Jiang (m)	Янсзи	[janszi]
Mékong (m)	Меконг	[mekong]
Gange (m)	Ганга	[ganga]
Nil (m)	Нил	[nil]
Congo (m)	Конго	[kongo]
Okavango (m)	Окаванго	[okavango]

Zambèze (m)	Замбези	[zambezi]
Limpopo (m)	Лимпопо	[limpopo]
Mississippi (m)	Миссисипи	[missisipi]

83. La forêt

forêt (f)	чангал	[ʤangal]
forestier (adj)	чангалӣ	[ʤangali:]

fourré (m)	чангалзор	[ʤangalzor]
bosquet (m)	дарахтзор	[daraχtzor]
clairière (f)	чаман	[tʃaman]

broussailles (f pl)	буттазор	[buttazor]
taillis (m)	буттазор	[buttazor]

sentier (m)	пайраҳа	[pajraha]
ravin (m)	оббурда	[obburda]

arbre (m)	дарахт	[daraχt]
feuille (f)	барг	[barg]
feuillage (m)	баргҳои дарахт	[barghoi daraχt]

chute (f) de feuilles	баргрезӣ	[bargrezi:]
tomber (feuilles)	рехтан	[reχtan]
sommet (m)	нӯг	[nœg]

rameau (m)	шох, шохча	[ʃoχ], [ʃoχtʃa]
branche (f)	шохи дарахг	[ʃoχi daraχg]
bourgeon (m)	муғча	[muʁʤa]
aiguille (f)	сӯзан	[sœzan]
pomme (f) de pin	чалғӯза	[ʤalʁœza]

creux (m)	сӯрохи дарахт	[sœroχi daraχt]
nid (m)	ошёна, лона	[oʃona], [lona]
terrier (m) (~ d'un renard)	хона	[χona]

tronc (m)	тана	[tana]
racine (f)	реша	[reʃa]
écorce (f)	пӯсти дарахт	[pœsti daraχt]
mousse (f)	ушна	[uʃna]

déraciner (vt)	реша кофтан	[reʃa koftan]
abattre (un arbre)	зада буридан	[zada buridan]
déboiser (vt)	бурида нест кардан	[burida nest kardan]
souche (f)	кундаи дарахт	[kundai daraχt]

feu (m) de bois	гулхан	[gulχan]
incendie (m)	сӯхтор, оташ	[sœχtor], [otaʃ]
éteindre (feu)	хомӯш кардан	[χomœʃ kardan]

garde (m) forestier	чангалбон	[ʤangalbon]
protection (f)	нигоҳбонӣ	[nigohboni:]
protéger (vt)	нигоҳбонӣ кардан	[nigohboni: kardan]
braconnier (m)	кӯруқшикан	[qœruqʃikan]
piège (m) à mâchoires	қапқон, дом	[qapqon], [dom]

| cueillir (vt) | чидан | [ʧidan] |
| s'égarer (vp) | роҳ гум кардан | [roh gum kardan] |

84. Les ressources naturelles

ressources (f pl) naturelles	захираҳои табий	[zaχirahoi tabi:i:]
minéraux (m pl)	маъданҳои фоиданок	[ma'danhoi foidanok]
gisement (m)	кон, маъдаи	[kon], [ma'dai]
champ (m) (~ pétrolifère)	кон	[kon]

extraire (vt)	кандан	[kandan]
extraction (f)	кандани	[kandani:]
minerai (m)	маъдан	[ma'dan]
mine (f) (site)	кон	[kon]
puits (m) de mine	чоҳ	[ʧoh]
mineur (m)	конкан	[konkan]

| gaz (m) | газ | [gaz] |
| gazoduc (m) | қубури газ | [quburi gaz] |

pétrole (m)	нефт	[neft]
pipeline (m)	қубури нефт	[quburi neft]
tour (f) de forage	чоҳи нафт	[ʧohi naft]
derrick (m)	бурчи нафткашӣ	[burʤi naftkaʃi:]
pétrolier (m)	танкер	[tanker]

sable (m)	peг	[reg]
calcaire (m)	оҳаксанг	[ohaksang]
gravier (m)	сангреза, шағал	[sangreza], [ʃaʁal]
tourbe (f)	торф	[torf]
argile (f)	гил	[gil]
charbon (m)	ангишт	[angiʃt]

fer (m)	оҳан	[ohan]
or (m)	зар, тилло	[zar], [tillo]
argent (m)	нуқра	[nuqra]
nickel (m)	никел	[nikel]
cuivre (m)	мис	[mis]

zinc (m)	рух	[ruh]
manganèse (m)	манган	[mangan]
mercure (m)	симоб	[simob]
plomb (m)	сурб	[surb]
minéral (m)	минерал, маъдан	[mineral], [ma'dan]

cristal (m)	булӯр, шӯша	[bulœr], [ʃœʃa]
marbre (m)	мармар	[marmar]
uranium (m)	уран	[uran]

85. Le temps

temps (m)	обу ҳаво	[obu havo]
météo (f)	пешгӯии ҳаво	[peʃgœi:i havo]
température (f)	ҳарорат	[harorat]
thermomètre (m)	ҳароратсанҷ	[haroratsandʒ]
baromètre (m)	барометр, ҳавосанҷ	[barometr], [havosandʒ]
humide (adj)	намнок	[namnok]
humidité (f)	намӣ, рутубат	[nami:], [rutubat]
chaleur (f) (canicule)	гармӣ	[garmi:]
torride (adj)	тафсон	[tafson]
il fait très chaud	ҳаво тафсон аст	[havo tafson ast]
il fait chaud	ҳаво гарм аст	[havo garm ast]
chaud (modérément)	гарм	[garm]
il fait froid	ҳаво сард аст	[havo sard ast]
froid (adj)	хунук, сард	[xunuk], [sard]
soleil (m)	офтоб	[oftob]
briller (soleil)	тобидан	[tobidan]
ensoleillé (jour ~)	… и офтоб	[i oftob]
se lever (vp)	баромадан	[baromadan]
se coucher (vp)	паст шудан	[past ʃudan]
nuage (m)	абр	[abr]
nuageux (adj)	… и абр, абрӣ	[i abr], [abri:]
nuée (f)	абри сиёҳ	[abri sijoh]
sombre (adj)	абрнок	[abrnok]
pluie (f)	борон	[boron]
il pleut	борон меборад	[boron meborad]
pluvieux (adj)	серборон	[serboron]
bruiner (v imp)	сим-сим боридан	[sɪm-sɪm borɪdan]
pluie (f) torrentielle	борони сахт	[boroni saxt]
averse (f)	борони сел	[boroni sel]
forte (la pluie ~)	сахт	[saxt]
flaque (f)	кӯлмак	[kœlmak]
se faire mouiller	шилтиқ шудан	[ʃiltiq ʃudan]
brouillard (m)	туман	[tuman]
brumeux (adj)	… и туман	[i tuman]
neige (f)	барф	[barf]
il neige	барф меборад	[barf meborad]

86. Les intempéries. Les catastrophes naturelles

orage (m)	раъду барк	[ra'du bark]
éclair (m)	барқ	[barq]
éclater (foudre)	дурахшидан	[duraχʃidan]
tonnerre (m)	тундар	[tundar]
gronder (tonnerre)	гулдуррос задан	[guldurros zadan]
le tonnerre gronde	раъд гулдуррос мезанад	[ra'd guldurros mezanad]
grêle (f)	жола	[ʒola]
il grêle	жола меборад	[ʒola meborad]
inonder (vt)	зер кардан	[zer kardan]
inondation (f)	обхезӣ	[obχezi:]
tremblement (m) de terre	заминчунбӣ	[zamindʒunbi:]
secousse (f)	заминчунбӣ,такон	[zamindʒunbi:,takon]
épicentre (m)	эпимарказ	[ɛpimarkaz]
éruption (f)	оташфишонӣ	[otaʃfiʃoni:]
lave (f)	гудоза	[gudoza]
tourbillon (m)	гирдбод	[girdbod]
tornade (f)	торнадо	[tornado]
typhon (m)	тӯфон	[tœfon]
ouragan (m)	тундбод	[tundbod]
tempête (f)	тӯфон, бӯрои	[tœfon], [bœroi]
tsunami (m)	сунами	[sunami]
cyclone (m)	сиклон	[siklon]
intempéries (f pl)	ҳавои бад	[havoi bad]
incendie (m)	сӯхтор, оташ	[sœχtor], [otaʃ]
catastrophe (f)	садама, фалокат	[sadama], [falokat]
météorite (m)	метеорит, шихобпора	[meteorit], [ʃihobpora]
avalanche (f)	тарма	[tarma]
éboulement (m)	тарма	[tarma]
blizzard (m)	бӯрони барфӣ	[bœroni barfi:]
tempête (f) de neige	бӯрон	[bœron]

LA FAUNE

T&P Books Publishing

prédateur (m)	дарранда	[darranda]
tigre (m)	бабр, паланг	[babr], [palang]
lion (m)	шер	[ʃer]
loup (m)	гург	[gurg]
renard (m)	рӯбоҳ	[rœboh]

jaguar (m)	юзи ало	[juzi alo]
léopard (m)	паланг	[palang]
guépard (m)	юз	[juz]

panthère (f)	пантера	[pantera]
puma (m)	пума	[puma]
léopard (m) de neiges	шерпаланг	[ʃerpalang]
lynx (m)	силовсин	[silovsin]

coyote (m)	койот	[kojɔt]
chacal (m)	шагол	[ʃagol]
hyène (f)	кафтор	[kaftor]

| animal (m) | ҳайвон | [hajvon] |
| bête (f) | ҳайвони ваҳшӣ | [hajvoni vahʃi:] |

écureuil (m)	санчоб	[sandʒob]
hérisson (m)	хорпушт	[xorpuʃt]
lièvre (m)	заргӯш	[zargœʃ]
lapin (m)	харгӯш	[xargœʃ]

blaireau (m)	қашқалдоқ	[qaʃqaldoq]
raton (m)	енот	[enot]
hamster (m)	миримӯшон	[mirimœʃon]
marmotte (f)	суғур	[suʁur]

taupe (f)	кӯрмуш	[kœrmuʃ]
souris (f)	муш	[muʃ]
rat (m)	калламуш	[kallamuʃ]
chauve-souris (f)	кӯршапарак	[kœrʃaparak]

hermine (f)	қоқум	[qoqum]
zibeline (f)	самур	[samur]
martre (f)	савсор	[savsor]

| belette (f) | росу | [rosu] |
| vison (m) | вашақ | [vaʃaq] |

| castor (m) | кундуз | [kunduz] |
| loutre (f) | сагоби | [sagobi] |

cheval (m)	асп	[asp]
élan (m)	шохгавазн	[ʃohgavazn]
cerf (m)	гавазн	[gavazn]
chameau (m)	шутур, уштур	[ʃutur], [uʃtur]

bison (m)	бизон	[bizon]
aurochs (m)	гови ваҳшй	[govi vahʃi:]
buffle (m)	говмеш	[govmeʃ]

zèbre (m)	гӯрхар	[gœrχar]
antilope (f)	антилопа, ғизол	[antilopa], [ʁizol]
chevreuil (m)	оху	[ohu]
biche (f)	оху	[ohu]
chamois (m)	нахчир, бузи кӯҳӣ	[naχʧir], [buzi kœhi:]
sanglier (m)	хуки ваҳши	[χuki vahʃi]

baleine (f)	кит, наҳанг	[kit], [nahang]
phoque (m)	тюлен	[tjulen]
morse (m)	морж	[morʒ]
ours (m) de mer	гурбаи обй	[gurbai obi:]
dauphin (m)	делфин	[delfin]

ours (m)	хирс	[χirs]
ours (m) blanc	хирси сафед	[χirsi safed]
panda (m)	панда	[panda]

singe (m)	маймун	[majmun]
chimpanzé (m)	шимпанзе	[ʃimpanze]
orang-outang (m)	орангутанг	[orangutang]
gorille (m)	горилла	[gorilla]
macaque (m)	макака	[makaka]
gibbon (m)	гиббон	[gibbon]

| éléphant (m) | фил | [fil] |
| rhinocéros (m) | карк, каркадан | [kark], [karkadan] |

| girafe (f) | заррофа | [zarrofa] |
| hippopotame (m) | баҳмут | [bahmut] |

| kangourou (m) | кенгуру | [kenguru] |
| koala (m) | коала | [koala] |

mangouste (f)	росу	[rosu]
chinchilla (m)	вашақ	[vaʃaq]
mouffette (f)	скунс	[skuns]
porc-épic (m)	чайра, дугпушт	[dʒajra], [dugpuʃt]

89. Les animaux domestiques

chat (m) (femelle)	гурба	[gurba]
chat (m) (mâle)	гурбаи нар	[gurbai nar]
chien (m)	саг	[sag]
cheval (m)	асп	[asp]
étalon (m)	айғир, аспи нар	[ajʁir], [aspi nar]
jument (f)	модиён, байтал	[modijɔn], [bajtal]
vache (f)	гов	[gov]
taureau (m)	барзагов	[barzagov]
bœuf (m)	барзагов	[barzagov]
brebis (f)	меш, гӯсфанд	[meʃ], [gœsfand]
mouton (m)	гӯсфанд	[gœsfand]
chèvre (f)	буз	[buz]
bouc (m)	така, серка	[taka], [serka]
âne (m)	хар, маркаб	[χar], [markab]
mulet (m)	хачир	[χatʃir]
cochon (m)	хук	[χuq]
pourceau (m)	хукбача	[χukbatʃa]
lapin (m)	харгӯш	[χargœʃ]
poule (f)	мурғ	[murʁ]
coq (m)	хурӯс	[χurœs]
canard (m)	мурғобй	[murʁobi:]
canard (m) mâle	мурғобии нар	[murʁobi:i nar]
oie (f)	қоз, ғоз	[qoz], [ʁoz]
dindon (m)	хурӯси мурғи марчон	[χurœsi murʁi mardʒon]
dinde (f)	мокиёни мурғи марчон	[mokijɔni murʁi mardʒon]
animaux (m pl) domestiques	ҳайвони хонагй	[hajvoni χonagi:]
apprivoisé (adj)	ромшуда	[romʃuda]
apprivoiser (vt)	дастомӯз кардан	[dastomœz kardan]
élever (vt)	калон кардан	[kalon kardan]
ferme (f)	ферма	[ferma]
volaille (f)	паррандаи хонагй	[parrandai χonagi:]
bétail (m)	чорво	[tʃorvo]
troupeau (m)	пода	[poda]
écurie (f)	саисхона, аспхона	[saisχona], [aspχona]
porcherie (f)	хукхона	[χukχona]
vacherie (f)	оғил, говхона	[oʁil], [govχona]
cabane (f) à lapins	харгӯшхона	[χargœʃχona]
poulailler (m)	мурғхона	[murʁχona]

90. Les oiseaux

oiseau (m)	паранда	[paranda]
pigeon (m)	кафтар	[kaftar]
moineau (m)	гунчишк, чумчук	[gundʒiʃk], [tʃumtʃuk]
mésange (f)	фотимачумчуқ	[fotimatʃumtʃuq]
pie (f)	акка	[akka]
corbeau (m)	зоғ	[zoʁ]
corneille (f)	зоғи ало	[zoʁi alo]
choucas (m)	зоғча	[zoʁtʃa]
freux (m)	шӯрнӯл	[ʃœrnœl]
canard (m)	мурғобӣ	[murʁobi:]
oie (f)	қоз, ғоз	[qoz], [ʁoz]
faisan (m)	тазарв	[tazarv]
aigle (m)	укоб	[ukob]
épervier (m)	пайғу	[pajʁu]
faucon (m)	боз, шоҳин	[boz], [ʃohin]
vautour (m)	каргас	[kargas]
condor (m)	кондор	[kondor]
cygne (m)	қу	[qu]
grue (f)	куланг, турна	[kulang], [turna]
cigogne (f)	лаклак	[laklak]
perroquet (m)	тӯтӣ	[tœti:]
colibri (m)	колибри	[kolibri]
paon (m)	товус	[tovus]
autruche (f)	шутурмурғ	[ʃuturmurʁ]
héron (m)	ҳавосил	[havosil]
flamant (m)	бутимор	[butimor]
pélican (m)	мурғи саққо	[murʁi saqqo]
rossignol (m)	булбул	[bulbul]
hirondelle (f)	фароштурук	[faroʃturuk]
merle (m)	дурроч	[durrodʒ]
grive (f)	дуррочи хушхон	[durrodʒi xuʃxon]
merle (m) noir	дуррочи сиёҳ	[durrodʒi sijɔh]
martinet (m)	досак	[dosak]
alouette (f) des champs	чӯр, чаковак	[dʒœr], [tʃakovak]
caille (f)	бедона	[bedona]
coucou (m)	фохтак	[foxtak]
chouette (f)	бум, чуғз	[bum], [dʒuʁz]
hibou (m)	чуғз	[tʃuʁz]
tétras (m)	дурроч	[durrodʒ]

tétras-lyre (m)	титав	[titav]
perdrix (f)	кабк, каклик	[kabk], [kaklik]
étourneau (m)	сор, соч	[sor], [soʧ]
canari (m)	канарейка	[kanarejka]
gélinotte (f) des bois	рябчик	[rjabtʃik]
pinson (m)	саъва	[sa'va]
bouvreuil (m)	севгар	[sevʁar]
mouette (f)	моҳихӯрак	[mohiχœrak]
albatros (m)	уқоби баҳрӣ	[uqobi bahri:]
pingouin (m)	пингвин	[pingvin]

91. Les poissons. Les animaux marins

brème (f)	симмоҳӣ	[simmohi:]
carpe (f)	капур	[kapur]
perche (f)	аломоҳӣ	[alomohi:]
silure (m)	лаққамоҳӣ	[laqqamohi:]
brochet (m)	шӯртан	[ʃœrtan]
saumon (m)	озодмоҳӣ	[ozodmohi:]
esturgeon (m)	тосмоҳӣ	[tosmohi:]
hareng (m)	шӯрмоҳӣ	[ʃœrmohi:]
saumon (m) atlantique	озодмоҳӣ	[ozodmoχi:]
maquereau (m)	загӯтамоҳӣ	[zaʁœtamohi:]
flet (m)	камбала	[kambala]
sandre (f)	суфмоҳӣ	[sufmohi:]
morue (f)	равганмоҳӣ	[ravʁanmohi:]
thon (m)	самак	[samak]
truite (f)	гулмоҳӣ	[gulmohi:]
anguille (f)	мормоҳӣ	[mormohi:]
torpille (f)	скати барқдор	[skati barqdor]
murène (f)	мурена	[murena]
piranha (m)	пираня	[piranja]
requin (m)	наҳанг	[nahang]
dauphin (m)	делфин	[delfin]
baleine (f)	кит, наҳанг	[kit], [nahang]
crabe (m)	харчанг	[χarʧang]
méduse (f)	медуза	[meduza]
pieuvre (f), poulpe (m)	ҳаштпо	[haʃtpo]
étoile (f) de mer	ситораи баҳрӣ	[sitorai bahri:]
oursin (m)	хорпушти баҳрӣ	[χorpuʃti bahri:]
hippocampe (m)	аспакмоҳӣ	[aspakmohi:]

huître (f)	садафак	[sadafak]
crevette (f)	креветка	[krevetka]
homard (m)	харчанги баҳрй	[χartʃangi bahri:]
langoustine (f)	лангуст	[langust]

92. Les amphibiens. Les reptiles

| serpent (m) | мор | [mor] |
| venimeux (adj) | заҳрдор | [zahrdor] |

vipère (f)	мори афъй	[mori afʼi:]
cobra (m)	мори айнакдор, кӯбро	[mori ajnakdor], [kœbro]
python (m)	мори печон	[mori petʃon]
boa (m)	мори печон	[mori petʃon]

couleuvre (f)	мори обй	[mori obi:]
serpent (m) à sonnettes	шақшақамор	[ʃaqʃaqamor]
anaconda (m)	анаконда	[anakonda]

lézard (m)	калтакалос	[kaltakalos]
iguane (m)	сусмор, игуана	[susmor], [iguana]
varan (m)	сусмор	[susmor]
salamandre (f)	калтакалос	[kaltakalos]
caméléon (m)	бӯқаламун	[bœqalamun]
scorpion (m)	каждум	[kaʒdum]

tortue (f)	сангпушт	[sangpuʃt]
grenouille (f)	қурбоққа	[qurboqqa]
crapaud (m)	ғук, қурбоққаи чӯлй	[ʁuk], [qurboqqai tʃœli:]
crocodile (m)	тимсоҳ	[timsoh]

93. Les insectes

insecte (m)	ҳашарот	[haʃarot]
papillon (m)	шапалак	[ʃapalak]
fourmi (f)	мӯрча	[mœrtʃa]
mouche (f)	магас	[magas]
moustique (m)	пашша	[paʃʃa]
scarabée (m)	гамбуск	[gambusk]

guêpe (f)	ору	[oru]
abeille (f)	занбӯри асал	[zanbœri asal]
bourdon (m)	говзанбӯр	[govzanbœr]
oestre (m)	ғурмагас	[ʁurmagas]

araignée (f)	тортанак	[tortanak]
toile (f) d'araignée	тори тортанак	[tori tortanak]
libellule (f)	сӯзанак	[sœzanak]

sauterelle (f)	малах	[malaχ]
papillon (m)	шапалак	[ʃapalak]
cafard (m)	нонхӯрак	[nonχœrak]
tique (f)	кана	[kana]
puce (f)	кайк	[kajk]
moucheron (m)	пашша	[paʃʃa]
criquet (m)	малах	[malaχ]
escargot (m)	тӯкумшуллуқ	[tœkumʃulluq]
grillon (m)	чирчирак	[ʧirʧirak]
luciole (f)	шабтоб	[ʃabtob]
coccinelle (f)	момохолак	[momoχolak]
hanneton (m)	гамбуски саврӣ	[gambuski savri:]
sangsue (f)	шуллук	[ʃulluk]
chenille (f)	кирм	[kirm]
ver (m)	кирм	[kirm]
larve (f)	кирм	[kirm]

T&P BOOKS

LA FLORE

T&P Books Publishing

arbre (m)	дарахт	[daraχt]
à feuilles caduques	паҳнбарг	[pahnbarg]
conifère (adj)	… и сӯзанбарг	[i sœzanbarg]
à feuilles persistantes	ҳамешасабз	[hameʃasabz]
pommier (m)	дарахти себ	[daraχti seb]
poirier (m)	дарахти нок	[daraχti nok]
merisier (m)	дарахти гелос	[daraχti gelos]
cerisier (m)	дарахти олуболу	[daraχti olubolu]
prunier (m)	дарахти олу	[daraχti olu]
bouleau (m)	тӯс	[tœs]
chêne (m)	булут	[bulut]
tilleul (m)	зерфун	[zerfun]
tremble (m)	сиёҳбед	[sijɔhbed]
érable (m)	заранг	[zarang]
épicéa (m)	коч, ел	[kodʒ], [el]
pin (m)	санавбар	[sanavbar]
mélèze (m)	коҷи баргрез	[kodʒi bargrez]
sapin (m)	пихта	[piχta]
cèdre (m)	дарахти чалғӯза	[daraχti dʒalʁœza]
peuplier (m)	сафедор	[safedor]
sorbier (m)	ғубайро	[ʁubajro]
saule (m)	бед	[bed]
aune (m)	роздор	[rozdor]
hêtre (m)	бук, олаш	[buk], [olaʃ]
orme (m)	дарахти ларг	[daraχti larg]
frêne (m)	шумтол	[ʃumtol]
marronnier (m)	шоҳбулут	[ʃohbulut]
magnolia (m)	магнолия	[magnolija]
palmier (m)	нахл	[naχl]
cyprès (m)	дарахти сарв	[daraχti sarv]
palétuvier (m)	дарахти анбаҳ	[daraχti anbah]
baobab (m)	баобаб	[baobab]
eucalyptus (m)	эвкалипт	[ɛvkalipt]
séquoia (m)	секвойя	[sekvojja]

95. Les arbustes

buisson (m)	бутта	[butta]
arbrisseau (m)	бутта	[butta]
vigne (f)	ток	[tok]
vigne (f) (vignoble)	токзор	[tokzor]
framboise (f)	тамашк	[tamaʃk]
cassis (m)	қоти сиёҳ	[qoti sijoh]
groseille (f) rouge	коти сурх	[koti surχ]
groseille (f) verte	бектошй	[bektoʃi:]
acacia (m)	акатсия, аҠоҠиё	[akatsija], [aqoqijɔ]
berbéris (m)	буттаи зирк	[buttai zirk]
jasmin (m)	ёсуман	[jɔsuman]
genévrier (m)	арча, ардач	[artʃa], [ardadʒ]
rosier (m)	буттаи гул	[buttai gul]
églantier (m)	хуч	[χutʃ]

96. Les fruits. Les baies

fruit (m)	мева, самар	[meva], [samar]
fruits (m pl)	меваҳо, самарҳо	[mevaho], [samarho]
pomme (f)	себ	[seb]
poire (f)	мурӯд, нок	[murœd], [nok]
prune (f)	олу	[olu]
fraise (f)	қулфинай	[qulfinaj]
cerise (f)	олуболу	[olubolu]
merise (f)	гелос	[gelos]
raisin (m)	ангур	[angur]
framboise (f)	тамашк	[tamaʃk]
cassis (m)	қоти сиёҳ	[qoti sijoh]
groseille (f) rouge	коти сурх	[koti surχ]
groseille (f) verte	бектошй	[bektoʃi:]
canneberge (f)	клюква	[kljukva]
orange (f)	афлесун, пӯртахол	[aflesun], [pœrtaχol]
mandarine (f)	норанг	[norang]
ananas (m)	ананас	[ananas]
banane (f)	банан	[banan]
datte (f)	хурмо	[χurmo]
citron (m)	лиму	[limu]
abricot (m)	дарахти зардолу	[daraχti zardolu]

pêche (f)	шафтолу	[ʃaftolu]
kiwi (m)	кивӣ	[kivi:]
pamplemousse (m)	норинҷ	[norindʒ]

baie (f)	буттамева	[buttameva]
baies (f pl)	буттамеваҳо	[buttamevaho]
airelle (f) rouge	брусника	[brusnika]
fraise (f) des bois	тути заминӣ	[tuti zamini:]
myrtille (f)	черника	[tʃernika]

97. Les fleurs. Les plantes

| fleur (f) | гул | [gul] |
| bouquet (m) | дастаи гул | [dastai gul] |

rose (f)	гул, гули садбарг	[gul], [guli sadbarg]
tulipe (f)	лола	[lola]
oeillet (m)	гули меҳак	[guli meχak]
glaïeul (m)	гули ёқут	[guli jɔqut]

bleuet (m)	тугмагул	[tugmagul]
campanule (f)	гули момо	[guli momo]
dent-de-lion (f)	коку	[koqu]
marguerite (f)	бобуна	[bobuna]

aloès (m)	уд, сабр, алоэ	[ud], [sabr], [aloɛ]
cactus (m)	гули ханчарӣ	[guli χandʒari:]
ficus (m)	тутанҷир	[tutandʒir]

lis (m)	савсан	[savsan]
géranium (m)	анҷибар	[andʒibar]
jacinthe (f)	сунбул	[sunbul]

mimosa (m)	нозгул	[nozgul]
jonquille (f)	наргис	[nargis]
capucine (f)	настаран	[nastaran]

orchidée (f)	саҳлаб, сӯҳлаб	[sahlab], [sœhlab]
pivoine (f)	гули ашрафӣ	[guli aʃrafi:]
violette (f)	бунафша	[bunafʃa]

pensée (f)	бунафшаи фарангӣ	[bunafʃai farangi:]
myosotis (m)	марзангӯш	[marzangœʃ]
pâquerette (f)	гули марворидак	[guli marvoridak]

coquelicot (m)	кӯкнор	[kœknor]
chanvre (m)	бангдона, канаб	[bangdona], [kanab]
menthe (f)	пудина	[pudina]
muguet (m)	гули барфак	[guli barfak]
perce-neige (f)	бойчечак	[bojtʃetʃak]

ortie (f)	газна	[gazna]
oseille (f)	шилха	[ʃilχa]
nénuphar (m)	нилуфари сафед	[nilufari safed]
fougère (f)	фарн	[farn]
lichen (m)	гулсанг	[gulsang]

serre (f) tropicale	гулхона	[gulχona]
gazon (m)	чаман, сабзазор	[tʃaman], [sabzazor]
parterre (m) de fleurs	гулзор	[gulzor]

plante (f)	растанй	[rastani:]
herbe (f)	алаф	[alaf]
brin (m) d'herbe	хас	[χas]

feuille (f)	барг	[barg]
pétale (m)	гулбарг	[gulbarg]
tige (f)	поя	[poja]
tubercule (m)	бех, дона	[beχ], [dona]

| pousse (f) | неш | [neʃ] |
| épine (f) | хор | [χor] |

fleurir (vi)	гул кардан	[gul kardan]
se faner (vp)	пажмурда шудан	[paʒmurda ʃudan]
odeur (f)	бӯй	[bœj]
couper (vt)	буридан	[buridan]
cueillir (fleurs)	кандан	[kandan]

98. Les céréales

grains (m pl)	дона, ғалла	[dona], [ʁalla]
céréales (f pl) (plantes)	растаниҳои ғалладона	[rastanihoi ʁalladona]
épi (m)	хӯша	[χœʃa]

blé (m)	гандум	[gandum]
seigle (m)	чавдор	[dʒavdor]
avoine (f)	ҳуртумон	[hurtumon]

| millet (m) | арзан | [arzan] |
| orge (f) | чав | [dʒav] |

maïs (m)	чуворимакка	[dʒuvorimakka]
riz (m)	шолй, биринч	[ʃoli:], [birindʒ]
sarrasin (m)	марчумак	[mardʒumak]

pois (m)	нахӯд	[naχœd]
haricot (m)	лӯбиё	[lœbijɔ]
soja (m)	соя	[soja]
lentille (f)	наск	[nask]
fèves (f pl)	лӯбиё	[lœbijɔ]

LES PAYS DU MONDE

T&P Books Publishing

Afghanistan (m)	Афғонистон	[afʁoniston]
Albanie (f)	Албания	[albanija]
Allemagne (f)	Олмон	[olmon]
Angleterre (f)	Англия	[anglija]
Arabie (f) Saoudite	Арабистони Саудӣ	[arabistoni saudi:]
Argentine (f)	Аргентина	[argentina]
Arménie (f)	Арманистон	[armaniston]
Australie (f)	Австралия	[avstralija]
Autriche (f)	Австрия	[avstrija]
Azerbaïdjan (m)	Озарбойҷон	[ozarbojdʒon]
Bahamas (f pl)	Ҷазираҳои Багам	[dʒazirahoi bagam]
Bangladesh (m)	Бангладеш	[bangladeʃ]
Belgique (f)	Белгия	[belgija]
Biélorussie (f)	Беларус	[belarus]
Bolivie (f)	Боливия	[bolivija]
Bosnie (f)	Босния ва Ҳерсеговина	[bosnija va hersegovina]
Brésil (m)	Бразилия	[brazilija]
Bulgarie (f)	Булғористон	[bulʁoriston]
Cambodge (m)	Камбоҷа	[kambodʒa]
Canada (m)	Канада	[kanada]
Chili (m)	Чиле	[tʃile]
Chine (f)	Чин	[tʃin]
Chypre (m)	Кипр	[kipr]
Colombie (f)	Колумбия	[kolumbija]
Corée (f) du Nord	Кореяи Шимолӣ	[korejai ʃimoli:]
Corée (f) du Sud	Кореяи Ҷанубӣ	[korejai dʒanubi:]
Croatie (f)	Хорватия	[xorvatija]
Cuba (f)	Куба	[kuba]
Danemark (m)	Дания	[danija]
Écosse (f)	Шотландия	[ʃotlandija]
Égypte (f)	Миср	[misr]
Équateur (m)	Эквадор	[ɛkvador]
Espagne (f)	Испониё	[isponijɔ]
Estonie (f)	Эстония	[ɛstonija]
Les États Unis	Иёлоти Муттаҳидаи Америка	[ijɔloti muttahidai amerika]
Fédération (f) des Émirats Arabes Unis	Иморатҳои Муттаҳидаи Араб	[imorathoi muttahidai arab]
Finlande (f)	Финланд	[finland]
France (f)	Фаронса	[faronsa]

Géorgie (f)	Гурҷистон	[gurdʒiston]
Ghana (m)	Гана	[gana]
Grande-Bretagne (f)	Инглистон	[ingliston]
Grèce (f)	Юнон	[junon]

100. Les pays du monde. Partie 2

Haïti (m)	Гаити	[gaiti]
Hongrie (f)	Маҷористон	[madʒoriston]
Inde (f)	Ҳиндустон	[hinduston]
Indonésie (f)	Индонезия	[indonezija]
Iran (m)	Эрон	[ɛron]
Iraq (m)	Ироқ	[iroq]
Irlande (f)	Ирландия	[irlandija]
Islande (f)	Исландия	[islandija]
Israël (m)	Исроил	[isroil]
Italie (f)	Итолиё	[itolijɔ]
Jamaïque (f)	Ямайка	[jamajka]
Japon (m)	Жопун, Ҷопон	[ʒopun], [dʒopon]
Jordanie (f)	Урдун	[urdun]
Kazakhstan (m)	Қазоқистон	[qazoqiston]
Kenya (m)	Кения	[kenija]
Kirghizistan (m)	Қирғизистон	[qirʁiziston]
Koweït (m)	Кувайт	[kuvajt]
Laos (m)	Лаос	[laos]
Lettonie (f)	Латвия	[latvija]
Liban (m)	Лубнон	[lubnon]
Libye (f)	Либия	[libija]
Liechtenstein (m)	Лихтенштейн	[liɣtenʃtejn]
Lituanie (f)	Литва	[litva]
Luxembourg (m)	Люксембург	[ljuksemburg]
Macédoine (f)	Мақдуния	[maqdunija]
Madagascar (f)	Мадагаскар	[madagaskar]
Malaisie (f)	Малайзия	[malajzija]
Malte (f)	Малта	[malta]
Maroc (m)	Марокаш	[marokaʃ]
Mexique (m)	Мексика	[meksika]
Moldavie (f)	Молдова	[moldova]
Monaco (m)	Монако	[monako]
Mongolie (f)	Муғулистон	[muʁuliston]
Monténégro (m)	Монтенегро	[montenegro]
Myanmar (m)	Мянма	[mjanma]
Namibie (f)	Намибия	[namibija]
Népal (m)	Непал	[nepal]
Norvège (f)	Норвегия	[norvegija]

| Nouvelle Zélande (f) | Зеландияи Нав | [zelandijai nav] |
| Ouzbékistan (m) | Ӯзбакистон | [œzbakiston] |

101. Les pays du monde. Partie 3

Pakistan (m)	Покистон	[pokiston]
Palestine (f)	Фаластин	[falastin]
Panamá (m)	Панама	[panama]
Paraguay (m)	Парагвай	[paragvaj]
Pays-Bas (m)	Ҳоланд	[holand]

Pérou (m)	Перу	[peru]
Pologne (f)	Полша, Лаҳистон	[polʃa], [lahiston]
Polynésie (f) Française	Полинезияи Фаронсавӣ	[polinezijai faronsavi:]
Portugal (m)	Португалия	[portugalija]

République (f) Dominicaine	Ҷумҳурии Доминикан	[dʒumhuri:i dominikan]
République (f) Sud-africaine	Африқои Ҷанубӣ	[afriqoi dʒanubi:]
République (f) Tchèque	Чехия	[tʃeҳija]
Roumanie (f)	Руминия	[ruminija]
Russie (f)	Россия	[rossija]

Sénégal (m)	Сенегал	[senegal]
Serbie (f)	Сербия	[serbija]
Slovaquie (f)	Словакия	[slovakija]
Slovénie (f)	Словения	[slovenija]
Suède (f)	Шветсия	[ʃvetsija]
Suisse (f)	Швейсария	[ʃvejsarija]
Surinam (m)	Суринам	[surinam]
Syrie (f)	Сурия	[surija]

Tadjikistan (m)	Тоҷикистон	[todʒikiston]
Taïwan (m)	Тайван	[tajvan]
Tanzanie (f)	Танзания	[tanzanija]
Tasmanie (f)	Тасмания	[tasmanija]
Thaïlande (f)	Таиланд	[tailand]
Tunisie (f)	Тунис	[tunis]
Turkménistan (m)	Туркманистон	[turkmaniston]
Turquie (f)	Туркия	[turkija]

Ukraine (f)	Украйина	[ukrajina]
Uruguay (m)	Уругвай	[urugvaj]
Vatican (m)	Вотикон	[votikon]
Venezuela (f)	Венесуэла	[venesuɛla]
Vietnam (m)	Ветнам	[vetnam]
Zanzibar (m)	Занзибар	[zanzibar]

GLOSSAIRE
GASTRONOMIQUE

Cette section contient
beaucoup de mots associés
à la nourriture. Ce dictionnaire
vous facilitera la tâche
de comprendre le menu
et de commander le bon plat
au restaurant

T&P Books Publishing

épi (m)	хӯша	[χœʃa]
épice (f)	дорувор	[doruvor]
épinard (m)	испаноқ	[ispanoq]
œuf (m)	тухм	[tuχm]
abricot (m)	дарахти зардолу	[daraχti zardolu]
addition (f)	ҳисоб	[hisob]
ail (m)	сир	[sir]
airelle (f) rouge	брусника	[brusnika]
amande (f)	бодом	[bodom]
amanite (f) tue-mouches	маргимагас	[margimagas]
amer (adj)	талх	[talχ]
ananas (m)	ананас	[ananas]
anguille (f)	мормоҳӣ	[mormohi:]
anis (m)	тухми бодиён	[tuχmi bodijon]
apéritif (m)	аперитив	[aperitiv]
appétit (m)	иштиҳо	[iʃtiho]
arrière-goût (m)	таъм	[ta'm]
artichaut (m)	анганор	[anganor]
asperge (f)	морчӯба	[morʧœba]
assiette (f)	тақсимча	[taqsimʧa]
aubergine (f)	бодинҷон	[bodindʒon]
avec de la glace	бо ях, яхдор	[bo jaχ], [jaχdor]
avocat (m)	авокадо	[avokado]
avoine (f)	ҳуртумон	[hurtumon]
bacon (m)	бекон	[bekon]
baie (f)	буттамева	[buttameva]
baies (f pl)	буттамеваҳо	[buttamevaho]
banane (f)	банан	[banan]
bar (m)	бар	[bar]
barman (m)	бармен	[barmen]
basilic (m)	нозбӯй, райҳон	[nozbœj], [rajhon]
betterave (f)	лаблабу	[lablabu]
beurre (m)	равғани маска	[ravʁani maska]
bière (f)	пиво	[pivo]
bière (f) blonde	оби чави шафоф	[obi dʒavi ʃafof]
bière (f) brune	оби чави торик	[obi dʒavi torik]
biscuit (m)	кулчақанд	[kulʧaqand]
blé (m)	гандум	[gandum]
blanc (m) d'œuf	сафедии тухм	[safedi:i tuχm]
boisson (f) non alcoolisée	нӯшокии беалкогол	[nœʃoki:i bealkogol]
boissons (f pl) alcoolisées	нӯшокиҳои спиртӣ	[nœʃokihoi spirti:]
bolet (m) bai	занбӯруғи тӯсӣ	[zanbœruʁi tœsi:]

bolet (m) orangé	занбӯруги сурх	[zanbœruʁi surχ]
bon (adj)	бомаза	[bomaza]
Bon appétit!	ош шавад!	[oʃ ʃavad]
bonbon (m)	конфет	[konfet]
bouillie (f)	шӯла	[ʃœla]
bouillon (m)	булён	[buljɔn]
brème (f)	симмоҳӣ	[simmohi:]
brochet (m)	шӯртан	[ʃœrtan]
brocoli (m)	карами брокколӣ	[karami brokkoli:]
cèpe (m)	занбӯруги сафед	[zanbœruʁi safed]
céleri (m)	карафс	[karafs]
céréales (f pl)	растаниҳои ғалладона	[rastanihoi ʁalladona]
cacahuète (f)	финдуки заминӣ	[finduki zamini:]
café (m)	қаҳва	[qahva]
café (m) au lait	ширқаҳва	[ʃirqahva]
café (m) noir	қаҳваи сиёҳ	[qahvai sijɔh]
café (m) soluble	қаҳваи кӯфта	[qahvai kœfta]
calamar (m)	калмар	[kalmar]
calorie (f)	калория	[kalorija]
canard (m)	мурғобӣ	[murʁobi:]
canneberge (f)	клюква	[kljukva]
cannelle (f)	дорчин, долчин	[dortʃin], [doltʃin]
cappuccino (m)	капучино	[kaputʃino]
carotte (f)	сабзӣ	[sabzi:]
carpe (f)	капур	[kapur]
carte (f)	меню	[menju]
carte (f) des vins	рӯйхати шаробҳо	[rœjχati ʃarobho]
cassis (m)	қоти сиёҳ	[qoti sijɔh]
caviar (m)	тухми моҳӣ	[tuχmi mohi:]
cerise (f)	олуболу	[olubolu]
champagne (m)	шампан	[ʃampan]
champignon (m)	занбӯруғ	[zanbœruʁ]
champignon (m) comestible	занбӯруги хӯрданӣ	[zanbœruʁi χœrdani:]
champignon (m) vénéneux	занбӯруги заҳрнок	[zanbœruʁi zahrnok]
chaud (adj)	гарм	[garm]
chocolat (m)	шоколад	[ʃokolad]
chou (m)	карам	[karam]
chou (m) de Bruxelles	карами брусселӣ	[karami brusseli:]
chou-fleur (m)	гулкарам	[gulkaram]
citron (m)	лиму	[limu]
clou (m) de girofle	қаланфури гардан	[qalanfuri gardan]
cocktail (m)	коктейл	[koktejl]
cocktail (m) au lait	коктейли ширӣ	[koktejli ʃiri:]
cognac (m)	коняк	[konjak]
concombre (m)	бодиринг	[bodiring]
condiment (m)	хӯриш	[χœriʃ]
confiserie (f)	маҳсулоти қанноди	[mahsuloti qannodi]
confiture (f)	чем	[dʒem]
confiture (f)	мураббо	[murabbo]
congelé (adj)	яхкарда	[jaχkarda]

conserves (f pl)	консерв	[konserv]
coriandre (m)	кашнич	[kaʃnidʒ]
courgette (f)	таррак	[tarrak]
couteau (m)	корд	[kord]
crème (f)	қаймоқ	[qajmoq]
crème (f) aigre	қаймок	[qajmok]
crème (f) au beurre	крем	[krem]
crabe (m)	харчанг	[χartʃang]
crevette (f)	креветка	[krevetka]
crustacés (m pl)	буғумпойҳо	[buʁumpojho]
cuillère (f)	қошуқ	[qoʃuq]
cuillère (f) à soupe	қошуқи ошхӯрй	[qoʃuqi oʃχœri:]
cuisine (f)	таомхо	[taomho]
cuisse (f)	рон	[ron]
cuit à l'eau (adj)	чӯшондашуда	[dʒœʃondaʃuda]
cumin (m)	зира	[zira]
cure-dent (m)	дандонковак	[dandonkovak]
déjeuner (m)	хӯроки пешин	[χœroki peʃin]
dîner (m)	шом	[ʃom]
datte (f)	хурмо	[χurmo]
dessert (m)	десерт	[desert]
dinde (f)	мурғи марчон	[murʁi mardʒon]
du bœuf	гӯшти гов	[gœʃti gov]
du mouton	гӯшти гӯсфанд	[gœʃti gœsfand]
du porc	гӯшти хук	[gœʃti χuk]
du veau	гӯшти гӯсола	[gœʃti gœsola]
eau (f)	об	[ob]
eau (f) minérale	оби минералй	[obi minerali:]
eau (f) potable	оби нӯшиданй	[obi nœʃidani:]
en chocolat (adj)	… и шоколад, шоколадй	[i ʃokolad], [ʃokoladi:]
esturgeon (m)	гӯшти тосмоҳй	[gœʃti tosmohi:]
fèves (f pl)	лӯбиё	[lœbijo]
farce (f)	гӯшти кӯфта	[gœʃti kœfta]
farine (f)	орд	[ord]
fenouil (m)	шибит	[ʃibit]
feuille (f) de laurier	барги ғор	[bargi ʁor]
figue (f)	анчир	[andʒir]
flétan (m)	палтус	[paltus]
flet (m)	камбала	[kambala]
foie (m)	чигар	[dʒigar]
fourchette (f)	чангча, чангол	[tʃangtʃa], [tʃangol]
fraise (f)	қулфинай	[qulfinaj]
fraise (f) des bois	тути заминй	[tuti zamini:]
framboise (f)	тамашк	[tamaʃk]
frit (adj)	бирён	[birjon]
froid (adj)	хунук	[χunuk]
fromage (m)	панир	[panir]
fruit (m)	мева	[meva]
fruits (m pl)	меваҳо, самарҳо	[mevaho], [samarho]
fruits (m pl) de mer	маҳсулоти баҳрй	[mahsuloti bahri:]
fumé (adj)	дудхӯрда	[dudχœrda]

gâteau (m)	пирожни	[piroʒni]
gâteau (m)	пирог	[pirog]
garniture (f)	пур кардани, андохтани	[pur kardani], [andoχtani]
garniture (f)	хӯриши таом	[χœriʃi taom]
gaufre (f)	вафлӣ	[vafli:]
gazeuse (adj)	газнок	[gaznok]
gibier (m)	сайди шикор	[sajdi ʃikor]
gin (m)	чин	[dʒin]
gingembre (m)	занчабил	[zandʒabil]
girolle (f)	қӯзиқандӣ	[qœziqandi:]
glace (f)	ях	[jaχ]
glace (f)	яхмос	[jaχmos]
glucides (m pl)	карбогидратхо	[karbogidratho]
goût (m)	маза, таъм	[maza], [ta'm]
gomme (f) à mâcher	сақич, илқ	[saqitʃ], [ilq]
grains (m pl)	дона, ғалла	[dona], [ʁalla]
grenade (f)	анор	[anor]
groseille (f) rouge	коти сурх	[koti surχ]
groseille (f) verte	бектошӣ	[bektoʃi:]
gruau (m)	ярма	[jarma]
hamburger (m)	гамбургер	[gamburger]
hareng (m)	шӯрмохӣ	[ʃœrmohi:]
haricot (m)	лӯбиё	[lœbijo]
hors-d'œuvre (m)	хӯриш, газак	[χœriʃ], [gazak]
huître (f)	садафак	[sadafak]
huile (f) d'olive	равғани зайтун	[ravʁani zajtun]
huile (f) de tournesol	равғани офтобпараст	[ravʁani oftobparast]
huile (f) végétale	равғани пок	[ravʁani pok]
jambon (m)	ветчина	[vettʃina]
jaune (m) d'œuf	зардии тухм	[zardi:i tuχm]
jus (m)	шарбат	[ʃarbat]
jus (m) d'orange	афшураи афлесун	[afʃurai aflesun]
jus (m) de tomate	шираи помидор	[ʃirai pomidor]
jus (m) pressé	афшураи тоза тайёршуда	[afʃurai toza tajjorʃuda]
kiwi (m)	кивӣ	[kivi:]
légumes (m pl)	сабзавот	[sabzavot]
lait (m)	шир	[ʃir]
lait (m) condensé	ширқиём	[ʃirqijom]
laitue (f), salade (f)	коху	[kohu]
langoustine (f)	лангуст	[langust]
langue (f)	забон	[zabon]
lapin (m)	харгӯш	[χargœʃ]
lentille (f)	наск	[nask]
les œufs	тухм	[tuχm]
les œufs brouillés	тухмбирён	[tuχmbirjon]
limonade (f)	лимонад	[limonad]
lipides (m pl)	равған	[ravʁan]
liqueur (f)	ликёр	[likjor]
mûre (f)	марминчон	[marmindʒon]
maïs (m)	чувваримакка	[dʒuvorimakka]
maïs (m)	чувваримакка	[dʒuvorimakka]

mandarine (f)	норанг	[norang]
mangue (f)	анбаҳ	[anbah]
maquereau (m)	загӯтамоҳӣ	[zaʁœtamohi:]
margarine (f)	маргарин	[margarin]
mariné (adj)	дар сирко хобондашуда	[dar sirko χobondaʃuda]
marmelade (f)	мармалод	[marmalod]
merise (f)	гелос	[gelos]
miel (m)	асал	[asal]
miette (f)	резгӣ	[rezgi:]
millet (m)	арзан	[arzan]
morceau (m)	порча	[portʃa]
morille (f)	бурмазанбӯруғ	[burmazanbœruʁ]
morue (f)	равғанмоҳӣ	[ravʁanmohi:]
moutarde (f)	хардал	[χardal]
myrtille (f)	черника	[tʃernika]
navet (m)	шалғам	[ʃalʁam]
noisette (f)	финдиқ	[findiq]
noix (f)	чормағз	[tʃormaʁz]
noix (f) de coco	норгил	[norgil]
nouilles (f pl)	угро	[ugro]
nourriture (f)	хӯрок, таом	[χœrok], [taom]
oie (f)	қоз, ғоз	[qoz], [ʁoz]
oignon (m)	пиёз	[pijoz]
olives (f pl)	зайтун	[zajtun]
omelette (f)	омлет, тухмбирён	[omlet], [tuχmbirjon]
orange (f)	афлесун, пӯртахол	[aflesun], [pœrtaχol]
orge (f)	ҷав	[dʒav]
oronge (f) verte	занбӯруғи заҳрнок	[zanbœruʁi zahrnok]
ouvre-boîte (m)	саркушояк	[sarkuʃojak]
ouvre-bouteille (m)	саркушояк	[sarkuʃojak]
pâté (m)	паштет	[paʃtet]
pâtes (m pl)	макарон	[makaron]
pétales (m pl) de maïs	бадроқи ҷуворимакка	[badroqi dʒuvorimakka]
pétillante (adj)	газдор	[gazdor]
pêche (f)	шафтолу	[ʃaftolu]
pain (m)	нон	[non]
pamplemousse (m)	норинч	[norindʒ]
papaye (f)	папайя	[papajja]
paprika (m)	қаламфур	[qalamfur]
pastèque (f)	тарбуз	[tarbuz]
peau (f)	пӯст	[pœst]
perche (f)	аломоҳӣ	[alomohi:]
persil (m)	ҷаъфарӣ	[dʒa'fari:]
petit déjeuner (m)	ноништа	[noniʃta]
petite cuillère (f)	чойкошук	[tʃojkoʃuk]
pistaches (f pl)	писта	[pista]
pizza (f)	питса	[pitsa]
plat (m)	таом	[taom]
plate (adj)	бе газ	[be gaz]
poire (f)	мурӯд, нок	[murœd], [nok]
pois (m)	нахӯд	[naχœd]

poisson (m)	моҳӣ	[mohi:]
poivre (m) noir	мурчи сиёҳ	[murʧi sijɔh]
poivre (m) rouge	мурчи сурх	[murʧi surχ]
poivron (m)	қаламфур	[qalamfur]
pomme (f)	себ	[seb]
pomme (f) de terre	картошка	[kartoʃka]
portion (f)	навола	[navola]
potiron (m)	каду	[kadu]
poulet (m)	мурғ	[murʁ]
pourboire (m)	чойпулӣ	[ʧojpuli:]
protéines (f pl)	сафедаҳо	[safedaho]
prune (f)	олу	[olu]
pudding (m)	пудинг	[puding]
purée (f)	пюре	[pjure]
régime (m)	диета	[dieta]
radis (m)	шалғамча	[ʃalʁamʧa]
rafraîchissement (m)	нӯшокии хунук	[nœʃoki:i χunuk]
raifort (m)	қаҳзак	[qahzak]
raisin (m)	ангур	[angur]
raisin (m) sec	мавиз	[maviz]
recette (f)	ретсепт	[retsept]
requin (m)	наҳанг	[nahang]
rhum (m)	ром	[rom]
riz (m)	биринҷ	[birinʤ]
russule (f)	занбӯруғи хомхӯрак	[zanbœruʁi χomχœrak]
sésame (m)	кунҷид	[kunʤid]
safran (m)	заъфарон	[za'faron]
salé (adj)	шӯр	[ʃœr]
salade (f)	салат	[salat]
sandre (f)	суфмоҳӣ	[sufmohi:]
sandwich (m)	бутерброд	[buterbrod]
sans alcool	беалкогол	[bealkogol]
sardine (f)	саморис	[samoris]
sarrasin (m)	марчумак	[marʤumak]
sauce (f)	қайла	[qajla]
sauce (f) mayonnaise	майонез	[majonez]
saucisse (f)	ҳасибча	[hasibʧa]
saucisson (m)	ҳасиб	[hasib]
saumon (m)	озодмоҳӣ	[ozodmohi:]
saumon (m) atlantique	озодмоҳӣ	[ozodmoχi:]
sec (adj)	хушк	[χuʃk]
seigle (m)	чавдор	[ʤavdor]
sel (m)	намак	[namak]
serveur (m)	пешхизмат	[peʃχizmat]
serveuse (f)	пешхизмат	[peʃχizmat]
silure (m)	лаққамоҳӣ	[laqqamohi:]
soja (m)	соя	[soja]
soucoupe (f)	тақсимӣ, тақсимича	[taqsimi:], [taqsimiʧa]
soupe (f)	шӯрбо	[ʃœrbo]
spaghettis (m pl)	спагеттӣ	[spagetti:]
steak (m)	бифштекс	[bifʃteks]
sucré (adj)	ширин	[ʃirin]

sucre (m)	шакар	[ʃakar]
tarte (f)	торт	[tort]
tasse (f)	косача	[kosatʃa]
thé (m)	чой	[tʃoj]
thé (m) noir	чойи сиёх	[tʃoji sijɔh]
thé (m) vert	чои кабуд	[tʃoi kabud]
thon (m)	самак	[samak]
tire-bouchon (m)	пӯккашак	[pœkkaʃak]
tomate (f)	помидор	[pomidor]
tranche (f)	тилим, порча	[tilim], [portʃa]
truite (f)	гулмохй	[gulmohi:]
végétarien (adj)	бегӯшт	[begœʃt]
végétarien (m)	гӯштнахӯранда	[gœʃtnaxœranda]
verdure (f)	сабзавот	[sabzavot]
vermouth (m)	вермут	[vermut]
verre (m)	стакан	[stakan]
verre (m) à vin	бокал	[bokal]
viande (f)	гӯшт	[gœʃt]
vin (m)	шароб, май	[ʃarob], [maj]
vin (m) blanc	маи ангури сафед	[mai anguri safed]
vin (m) rouge	маи арғувонй	[mai arʁuvoni:]
vinaigre (m)	сирко	[sirko]
vitamine (f)	витамин	[vitamin]
vodka (f)	арақ, водка	[araq], [vodka]
whisky (m)	виски	[viski]
yogourt (m)	йогурт	[jɔgurt]

кӯзиқандӣ	[qœziqandi:]	girolle (f)
қахва	[qahva]	café (m)
қахваи кӯфта	[qahvai kœfta]	café (m) soluble
қахваи сиёх	[qahvai sijɔh]	café (m) noir
қахзак	[qahzak]	raifort (m)
қайла	[qajla]	sauce (f)
қаймоқ	[qajmoq]	crème (f)
қаймок	[qajmok]	crème (f) aigre
қаламфур	[qalamfur]	poivron (m)
қаламфур	[qalamfur]	paprika (m)
қаланфури гардан	[qalanfuri gardan]	clou (m) de girofle
қоз, ғоз	[qoz], [ʁoz]	oie (f)
қоти сиёх	[qoti sijɔh]	cassis (m)
қошуқ	[qoʃuq]	cuillère (f)
қошуқи ошхӯрӣ	[qoʃuqi oʃχœri:]	cuillère (f) à soupe
қулфинай	[qulfinaj]	fraise (f)
хасиб	[hasib]	saucisson (m)
хасибча	[hasibtʃa]	saucisse (f)
хисоб	[hisob]	addition (f)
хуртумон	[hurtumon]	avoine (f)
чӯшондашуда	[dʒœʃondaʃuda]	cuit à l'eau (adj)
чав	[dʒav]	orge (f)
чавдор	[dʒavdor]	seigle (m)
чаъфарӣ	[dʒa'fari:]	persil (m)
чем	[dʒem]	confiture (f)
чигар	[dʒigar]	foie (m)
чин	[dʒin]	gin (m)
чуворимакка	[dʒuvorimakka]	maïs (m)
чуворимакка	[dʒuvorimakka]	maïs (m)
авокадо	[avokado]	avocat (m)
аломохӣ	[alomohi:]	perche (f)
анчир	[andʒir]	figue (f)
ананас	[ananas]	ananas (m)
анбах	[anbah]	mangue (f)
анганор	[anganor]	artichaut (m)
ангур	[angur]	raisin (m)
анор	[anor]	grenade (f)
аперитив	[aperitiv]	apéritif (m)
арақ, водка	[araq], [vodka]	vodka (f)
арзан	[arzan]	millet (m)
асал	[asal]	miel (m)
афлесун, пӯртахол	[aflesun], [pœrtaχol]	orange (f)
афшураи афлесун	[afʃurai aflesun]	jus (m) d'orange
афшураи тоза тайёршуда	[afʃurai toza tajjɔrʃuda]	jus (m) pressé

бадроқи чуворимакка	[badroqi dʒuvorimakka]	pétales (m pl) de maïs
банан	[banan]	banane (f)
бар	[bar]	bar (m)
барги ғор	[bargi ʁor]	feuille (f) de laurier
бармен	[barmen]	barman (m)
бе газ	[be gaz]	plate (adj)
беалкогол	[bealkogol]	sans alcool
бегӯшт	[begœʃt]	végétarien (adj)
бекон	[bekon]	bacon (m)
бектошӣ	[bektoʃi:]	groseille (f) verte
бирён	[birjɔn]	frit (adj)
биринҷ	[birindʒ]	riz (m)
бифштекс	[bifʃteks]	steak (m)
бо ях, яхдор	[bo jaχ], [jaχdor]	avec de la glace
бодинҷон	[bodindʒon]	aubergine (f)
бодиринг	[bodiring]	concombre (m)
бодом	[bodom]	amande (f)
бокал	[bokal]	verre (m) à vin
бомаза	[bomaza]	bon (adj)
брусника	[brusnika]	airelle (f) rouge
буғумпойхо	[buʁumpojho]	crustacés (m pl)
булён	[buljɔn]	bouillon (m)
бурмазанбӯруғ	[burmazanbœruʁ]	morille (f)
бутерброд	[buterbrod]	sandwich (m)
буттамева	[buttameva]	baie (f)
буттамевахо	[buttamevaho]	baies (f pl)
вафлӣ	[vafli:]	gaufre (f)
вермут	[vermut]	vermouth (m)
ветчина	[vettʃina]	jambon (m)
виски	[viski]	whisky (m)
витамин	[vitamin]	vitamine (f)
гӯшт	[gœʃt]	viande (f)
гӯшти гӯсола	[gœʃti gœsola]	du veau
гӯшти гӯсфанд	[gœʃti gœsfand]	du mouton
гӯшти гов	[gœʃti gov]	du bœuf
гӯшти кӯфта	[gœʃti kœfta]	farce (f)
гӯшти тосмохӣ	[gœʃti tosmohi:]	esturgeon (m)
гӯшти хук	[gœʃti χuk]	du porc
гӯштнахӯранда	[gœʃtnaχœranda]	végétarien (m)
газдор	[gazdor]	pétillante (adj)
газнок	[gaznok]	gazeuse (adj)
гамбургер	[gamburger]	hamburger (m)
гандум	[gandum]	blé (m)
гарм	[garm]	chaud (adj)
гелос	[gelos]	merise (f)
гулкарам	[gulkaram]	chou-fleur (m)
гулмохӣ	[gulmohi:]	truite (f)
дандонковак	[dandonkovak]	cure-dent (m)
дар сирко хобондашуда	[dar sirko χobondaʃuda]	mariné (adj)
дарахти зардолу	[daraχti zardolu]	abricot (m)
десерт	[desert]	dessert (m)

диета	[dieta]	régime (m)
дона, ғалла	[dona], [ʁalla]	grains (m pl)
дорувор	[doruvor]	épice (f)
дорчин, долчин	[dortʃin], [doltʃin]	cannelle (f)
дудхӯрда	[dudxœrda]	fumé (adj)
зағӯтамоҳӣ	[zaʁœtamohi:]	maquereau (m)
забон	[zabon]	langue (f)
зайтун	[zajtun]	olives (f pl)
занҷабил	[zandʒabil]	gingembre (m)
занбӯруғ	[zanbœruʁ]	champignon (m)
занбӯруғи заҳрнок	[zanbœruʁi zahrnok]	champignon (m) vénéneux
занбӯруғи заҳрнок	[zanbœruʁi zahrnok]	oronge (f) verte
занбӯруғи сафед	[zanbœruʁi safed]	cèpe (m)
занбӯруғи сурх	[zanbœruʁi surx]	bolet (m) orangé
занбӯруғи тӯсӣ	[zanbœruʁi tœsi:]	bolet (m) bai
занбӯруғи хӯрданӣ	[zanbœruʁi xœrdani:]	champignon (m) comestible
занбӯруғи хомхӯрак	[zanbœruʁi xomxœrak]	russule (f)
зардии тухм	[zardi:i tuxm]	jaune (m) d'œuf
заъфарон	[za'faron]	safran (m)
зира	[zira]	cumin (m)
испаноқ	[ispanoq]	épinard (m)
иштиҳо	[iʃtiho]	appétit (m)
йогурт	[jogurt]	yogourt (m)
каду	[kadu]	potiron (m)
калмар	[kalmar]	calamar (m)
калория	[kalorija]	calorie (f)
камбала	[kambala]	flet (m)
капур	[kapur]	carpe (f)
капучино	[kaputʃino]	cappuccino (m)
карам	[karam]	chou (m)
карами брокколӣ	[karami brokkoli:]	brocoli (m)
карами брусселӣ	[karami brusseli:]	chou (m) de Bruxelles
карафс	[karafs]	céleri (m)
карбогидратҳо	[karbogidratho]	glucides (m pl)
картошка	[kartoʃka]	pomme (f) de terre
кашнич	[kaʃnidʒ]	coriandre (m)
кивӣ	[kivi:]	kiwi (m)
клюква	[kljukva]	canneberge (f)
коху	[kohu]	laitue (f), salade (f)
коктейл	[koktejl]	cocktail (m)
коктейли ширӣ	[koktejli ʃiri:]	cocktail (m) au lait
консерв	[konserv]	conserves (f pl)
конфет	[konfet]	bonbon (m)
коняк	[konjak]	cognac (m)
корд	[kord]	couteau (m)
косача	[kosatʃa]	tasse (f)
коти сурх	[koti surx]	groseille (f) rouge
креветка	[krevetka]	crevette (f)
крем	[krem]	crème (f) au beurre
кулчақанд	[kultʃaqand]	biscuit (m)

кунчид	[kundʒid]	sésame (m)
лӯбиё	[lœbijɔ]	fèves (f pl)
лӯбиё	[lœbijɔ]	haricot (m)
лаққамоҳй	[laqqamohi:]	silure (m)
лаблабу	[lablabu]	betterave (f)
лангуст	[langust]	langoustine (f)
ликёр	[likjɔr]	liqueur (f)
лимонад	[limonad]	limonade (f)
лиму	[limu]	citron (m)
маҳсулоти қанноди	[mahsuloti qannodi]	confiserie (f)
маҳсулоти баҳрй	[mahsuloti bahri:]	fruits (m pl) de mer
мавиз	[maviz]	raisin (m) sec
маза, таъм	[maza], [ta'm]	goût (m)
маи ангури сафед	[mai anguri safed]	vin (m) blanc
маи аргувонй	[mai arɐuvoni:]	vin (m) rouge
майонез	[majɔnez]	sauce (f) mayonnaise
макарон	[makaron]	pâtes (m pl)
марчумак	[mardʒumak]	sarrasin (m)
маргарин	[margarin]	margarine (f)
маргимагас	[margimagas]	amanite (f) tue-mouches
мармалод	[marmalod]	marmelade (f)
марминчон	[marmindʒon]	mûre (f)
мева	[meva]	fruit (m)
меваҳо, самарҳо	[mevaho], [samarho]	fruits (m pl)
меню	[menju]	carte (f)
моҳй	[mohi:]	poisson (m)
мормоҳй	[mormohi:]	anguille (f)
морчӯба	[mortʃœba]	asperge (f)
мурғ	[murɐ]	poulet (m)
мурғи марчон	[murɐi mardʒon]	dinde (f)
мурғобй	[murɐobi:]	canard (m)
мурӯд, нок	[murœd], [nok]	poire (f)
мураббо	[murabbo]	confiture (f)
мурчи сиёҳ	[murtʃi sijɔh]	poivre (m) noir
мурчи сурх	[murtʃi surx]	poivre (m) rouge
нӯшокиҳои спиртй	[nœʃokihoi spirti:]	boissons (f pl) alcoolisées
нӯшокии беалкогол	[nœʃoki:i bealkogol]	boisson (f) non alcoolisée
нӯшокии хунук	[nœʃoki:i xunuk]	rafraîchissement (m)
наҳанг	[nahang]	requin (m)
навола	[navola]	portion (f)
намак	[namak]	sel (m)
наск	[nask]	lentille (f)
нахӯд	[naxœd]	pois (m)
нозбӯй, райҳон	[nozbœj], [rajhon]	basilic (m)
нон	[non]	pain (m)
ноништа	[noniʃta]	petit déjeuner (m)
норанг	[norang]	mandarine (f)
норгил	[norgil]	noix (f) de coco
норинч	[norindʒ]	pamplemousse (m)
об	[ob]	eau (f)

оби ҷави торик	[obi dʒavi torik]	bière (f) brune
оби ҷави шафоф	[obi dʒavi ʃafof]	bière (f) blonde
оби минералӣ	[obi minerali:]	eau (f) minérale
оби нӯшиданӣ	[obi nœʃidani:]	eau (f) potable
озодмоҳӣ	[ozodmohi:]	saumon (m)
озодмоҳӣ	[ozodmoχi:]	saumon (m) atlantique
олу	[olu]	prune (f)
олуболу	[olubolu]	cerise (f)
омлет, тухмбирён	[omlet], [tuχmbirjɔn]	omelette (f)
орд	[ord]	farine (f)
ош шавад!	[oʃ ʃavad]	Bon appétit!
пӯккашак	[pœkkaʃak]	tire-bouchon (m)
пӯст	[pœst]	peau (f)
палтус	[paltus]	flétan (m)
панир	[panir]	fromage (m)
папайя	[papajja]	papaye (f)
паштет	[paʃtet]	pâté (m)
пешхизмат	[peʃχizmat]	serveur (m)
пешхизмат	[peʃχizmat]	serveuse (f)
пиво	[pivo]	bière (f)
пиёз	[pijɔz]	oignon (m)
пирог	[pirog]	gâteau (m)
пирожни	[pirɔʒni]	gâteau (m)
писта	[pista]	pistaches (f pl)
питса	[pitsa]	pizza (f)
помидор	[pomidor]	tomate (f)
порча	[portʃa]	morceau (m)
пудинг	[puding]	pudding (m)
пур кардани, андохтани	[pur kardani], [andoχtani]	garniture (f)
пюре	[pjure]	purée (f)
рӯйхати шаробҳо	[rœjχati ʃarobho]	carte (f) des vins
равған	[ravʁan]	lipides (m pl)
равғани зайтун	[ravʁani zajtun]	huile (f) d'olive
равғани маска	[ravʁani maska]	beurre (m)
равғани офтобпараст	[ravʁani oftobparast]	huile (f) de tournesol
равғани пок	[ravʁani pok]	huile (f) végétale
равғанмоҳӣ	[ravʁanmohi:]	morue (f)
растаниҳои ғалладона	[rastanihoi ʁalladona]	céréales (f pl)
резгӣ	[rezgi:]	miette (f)
ретсепт	[retsept]	recette (f)
ром	[rom]	rhum (m)
рон	[ron]	cuisse (f)
сақич, илқ	[saqitʃ], [ilq]	gomme (f) à mâcher
сабзӣ	[sabzi:]	carotte (f)
сабзавот	[sabzavot]	légumes (m pl)
сабзавот	[sabzavot]	verdure (f)
садафак	[sadafak]	huître (f)
сайди шикор	[sajdi ʃikor]	gibier (m)
салат	[salat]	salade (f)
самак	[samak]	thon (m)
саморис	[samoris]	sardine (f)
саркушояк	[sarkuʃojak]	ouvre-bouteille (m)

саркушояк	[sarkuʃojak]	ouvre-boîte (m)
сафедаҳо	[safedaho]	protéines (f pl)
сафедии тухм	[safedi:i tuχm]	blanc (m) d'œuf
себ	[seb]	pomme (f)
симмоҳӣ	[simmohi:]	brème (f)
сир	[sir]	ail (m)
сирко	[sirko]	vinaigre (m)
соя	[soja]	soja (m)
спагеттӣ	[spagetti:]	spaghettis (m pl)
стакан	[stakan]	verre (m)
суфмоҳӣ	[sufmohi:]	sandre (f)
тақсимӣ, тақсимича	[taqsimi:], [taqsimitʃa]	soucoupe (f)
тақсимча	[taqsimtʃa]	assiette (f)
талх	[talχ]	amer (adj)
тамашк	[tamaʃk]	framboise (f)
таом	[taom]	plat (m)
таомҳо	[taomho]	cuisine (f)
тарбуз	[tarbuz]	pastèque (f)
таррак	[tarrak]	courgette (f)
таъм	[ta'm]	arrière-goût (m)
тилим, порча	[tilim], [portʃa]	tranche (f)
торт	[tort]	tarte (f)
тути заминӣ	[tuti zamini:]	fraise (f) des bois
тухм	[tuχm]	œuf (m)
тухм	[tuχm]	les œufs
тухмбирён	[tuχmbirjɔn]	les œufs brouillés
тухми бодиён	[tuχmi bodijɔn]	anis (m)
тухми моҳӣ	[tuχmi mohi:]	caviar (m)
угро	[ugro]	nouilles (f pl)
финдиқ	[findiq]	noisette (f)
финдуки заминӣ	[finduki zamini:]	cacahuète (f)
хӯриш	[χœriʃ]	condiment (m)
хӯриш, газак	[χœriʃ], [gazak]	hors-d'œuvre (m)
хӯриши таом	[χœriʃi taom]	garniture (f)
хӯрок, таом	[χœrok], [taom]	nourriture (f)
хӯроки пешин	[χœroki peʃin]	déjeuner (m)
хӯша	[χœʃa]	épi (m)
харгӯш	[χargœʃ]	lapin (m)
хардал	[χardal]	moutarde (f)
харчанг	[χartʃang]	crabe (m)
хунук	[χunuk]	froid (adj)
хурмо	[χurmo]	datte (f)
хушк	[χuʃk]	sec (adj)
чангча, чангол	[tʃangtʃa], [tʃangol]	fourchette (f)
черника	[tʃernika]	myrtille (f)
чои кабуд	[tʃoi kabud]	thé (m) vert
чой	[tʃoj]	thé (m)
чойи сиёх	[tʃoji sijɔh]	thé (m) noir
чойкошук	[tʃojkoʃuk]	petite cuillère (f)
чойпулӣ	[tʃojpuli:]	pourboire (m)
чормағз	[tʃormaʁz]	noix (f)
шӯла	[ʃœla]	bouillie (f)

шӯр	[ʃœr]	salé (adj)
шӯрбо	[ʃœrbo]	soupe (f)
шӯрмохӣ	[ʃœrmohi:]	hareng (m)
шӯртан	[ʃœrtan]	brochet (m)
шакар	[ʃakar]	sucre (m)
шалғам	[ʃalʁam]	navet (m)
шалғамча	[ʃalʁamtʃa]	radis (m)
шампан	[ʃampan]	champagne (m)
шарбат	[ʃarbat]	jus (m)
шароб, май	[ʃarob], [maj]	vin (m)
шафтолу	[ʃaftolu]	pêche (f)
шибит	[ʃibit]	fenouil (m)
шир	[ʃir]	lait (m)
ширқаҳва	[ʃirqahva]	café (m) au lait
ширқиём	[ʃirqijɔm]	lait (m) condensé
шираи помидор	[ʃirai pomidor]	jus (m) de tomate
ширин	[ʃirin]	sucré (adj)
шоколад	[ʃokolad]	chocolat (m)
шом	[ʃom]	dîner (m)
ярма	[jarma]	gruau (m)
ях	[jaχ]	glace (f)
яхкарда	[jaχkarda]	congelé (adj)
яхмос	[jaχmos]	glace (f)
... и шоколад, шоколадӣ	[i ʃokolad], [ʃokoladi:]	en chocolat (adj)